事例で納得！

賃上げ促進税制
初めてガイド

可否判定から
別表の書き方まで

税理士
田中康雄 [著]

はじめに

　わが国は30年に及ぶデフレに悩まされ、コストカットを最優先にしてヒトへの投資が後回しとなってしまったことで低い成長率を招き、賃金と成長率の悪循環から抜け出せなくなっていました。

　そんな中、物価高を上回る所得の増加と持続的で構造的な賃上げの実現に向け、これを実現した企業への税制上の優遇措置（税額控除）として賃上げ促進税制の拡充が図られました。

　新たな賃上げ促進税制では、その対象となり得る企業として、中小企業全体の8割がカバーされるよう中小企業向けに5年間の繰越控除制度が創設され、いわゆる赤字法人においても将来にわたり賃上げ促進税制の恩恵が受けられるような措置が施されました。また、租税特別措置法では、通常2年単位で制度の延長や見直し等が行われますが、賃上げ促進税制においては、企業が予見可能性をもって賃上げの計画が実現できるよう、その措置期間が3年間へと拡充されています。さらに、中小企業以外の企業についても、これを実質的に大企業と中堅企業とに新たに細分し、中堅企業に対しては、大企業よりも緩やかな要件で賃上げ促進税制が適用できるよう要件設定がなされました。また、大企業に対しても、賃上げ率に応じて段階的な税額控除率を設定し、従来よりも高い賃上げに対するインセンティブの強化が図られています。そして、従来までの教育訓練費を増加させた場合の上乗せ措置に加え、仕事と子育てとの両立支援（くるみん認定）や女性活躍支援（えるぼし認定）に積極的に取り組む企業への上乗せ措置が創設され、要件さえ満たせば全ての上乗せ措置を同時に適用することができるようになっています。

　このように企業の「稼ぐ力」を高めるための投資を支援し、賃上げを後押しする「賃上げ促進税制」について、本書では、第1章において賃上げ促進税制の制度全般の概要について確認した上で、第2章〜第4章にかけて、中小企業向け賃上げ促進税制、全企業向け賃上げ促進税制、中堅企業向け賃上げ促進税制の順に各制度の内容について確認します。また、第5章では、企業の規模を問わず適用できる各種上乗せ措置の概要を確認し、最後に第6章において6つの事例を使いながら賃上げ促

進税制の適用に向け、申告までの実務的な部分も含めてその流れを確認していきます。

　本書は、中小企業が適用できる中小企業向け賃上げ促進税制が中心となりますが、全企業向けあるいは中堅企業向けの賃上げ促進税制の内容も含んでいるため、多くの企業の方々にご活用いただけるものとなっています。本書がわずかでも賃上げによる税制上の恩恵を受けるための一助となれば幸甚です。

　最後に、本書の発刊に当たり、校正などに懇切丁寧なご指導をいただいた税務経理協会の中村謙一氏に、この場を借りて厚く御礼申し上げます。

　　　　　　　　　　　　　　　　　　　　　　　　　　　令和7年4月

　　　　　　　　　　　　　　　　　　　　　　　　　税理士　田中　康雄

Contents

はじめに

第1章　賃上げ促進税制のあらまし

1 中小企業の定義　*2*

   1　中小法人等　*2*
   2　中小企業者等　*3*
   3　中小企業者（措法42の4⑲七）　*3*

2 中堅企業者の定義　*5*

3 賃上げ促進税制の分類　*6*

第2章　中小企業向け賃上げ促進税制

1 中小企業向け賃上げ促進税制の概要　*11*

   1　制度の概要　*11*
   2　適用要件　*16*
   3　用語の意義　*17*

2 適用要件の判定　*30*

   1　適用要件の確認　*30*
   2　適用判定の計算例　*31*

3 控除対象雇用者給与等支給増加額の判定　*39*

   1　控除対象雇用者給与等支給増加額の上限　*39*

(*i*)

  2 控除対象雇用者給与等支給増加額の判定の計算例 *40*

④ 雇用者給与等支給増加割合による上乗せ措置（割増要件） *50*

⑤ 繰越税額控除制度について *51*

  1 繰越税額控除制度の意義 *51*
  2 中小企業向け賃上げ促進税制における繰越税額控除制度 *51*

第3章　全企業向け賃上げ促進税制

① 全企業向け賃上げ促進税制の概要 *61*

  1 制度の概要 *61*
  2 適用要件（通常要件） *65*
  3 用語の意義 *65*

② 適用要件の判定 *69*

  1 適用要件の確認 *69*
  2 適用判定の具体例 *70*

③ 控除対象雇用者給与等支給増加額の計算 *73*

④ 継続雇用者給与等支給増加割合による上乗せ措置（割増要件） *74*

第4章　中堅企業向け賃上げ促進税制

① 中堅企業向け賃上げ促進税制の概要 *79*

  1 制度の概要 *79*

2　適用要件（通常要件）　*82*

3　用語の意義　*82*

2　適用要件の判定　*85*

3　控除対象雇用者給与等支給増加額の計算　*86*

4　継続雇用者給与等支給増加割合による上乗せ措置（割増要件）　*87*

第5章　教育訓練費とくるみん認定・えるぼし認定

1　教育訓練費の増加による上乗せ措置（上乗せ要件①）　*91*

1　各賃上げ促進税制における上乗せ措置　*91*

2　教育訓練費の概要　*92*

2　くるみん認定による上乗せ措置（上乗せ要件②）　*100*

1　各賃上げ促進税制における上乗せ措置　*100*

2　くるみん認定の概要　*101*

3　えるぼし認定による上乗せ措置（上乗せ要件②）　*105*

1　各賃上げ促進税制における上乗せ措置　*105*

2　えるぼし認定の概要　*106*

第6章　賃上げ促進税制の適用事例

事例1

1　役員報酬が区分されている場合の雇用者給与等支給額　*115*

1　適用の可否と税額控除額の計算過程　*116*

(iii)

2　計算の解説と別表作成　*116*

　事例2
2　役員及びその特殊関係者と雇用者給与等支給額　*133*

　　1　適用の可否と税額控除額の計算過程　*134*

　　2　計算の解説と別表作成　*135*

　事例3
3　給与等の範囲と雇用安定助成金額の取扱い　*145*

　　1　適用の可否と税額控除額の計算過程　*147*

　　2　計算の解説と別表作成　*147*

　事例4
4　出向者負担金収入と教育訓練費　*158*

　　1　適用の可否と税額控除額の計算過程　*159*

　　2　計算の解説と別表作成　*159*

　事例5
5　未払賞与の取扱いと繰越税額控除の活用　*171*

　　1　適用の可否と税額控除額の計算過程　*172*

　　2　計算の解説と別表作成　*172*

　事例6
6　中小企業による中堅企業向け賃上げ促進税制の活用　*187*

　　1　適用の可否と税額控除額の計算過程　*188*

　　2　計算の解説と別表作成　*188*

―――― 凡例 ――――

法人税法	法法
所得税法	所法
租税特別措置法	措法
租税特別措置法施行令	措令
租税特別措置法施行規則	措規
法人税基本通達	法基通
租税特別措置法関係通達	措通
租税特別措置の適用状況の透明化等に関する法律	租税透明化法

第 1 章

賃上げ促進税制の
あらまし

中小企業の定義

　賃上げ促進税制は、法人の場合、従業員等に対して支給する給与等の額が前期に比べ一定の割合で増加したとき、その増加分を基礎として一定の金額をその事業年度の法人税の額から控除することができる税額控除制度になります。

　この賃上げ促進税制は、個人・法人にかかわらず、また法人の規模にかかわらず適用することができる優遇税制の1つですが、いわゆる中小企業と大企業とは計算方法が異なり、中小企業に対してはより手厚い措置が講じられています。

　そこで、まずは国内の約99.7％を占める「中小企業」の範囲について確認することにします。税法上では資本金の額等が1億円以下の法人等を以下の【図表1-1】のように規定しています。

【図表1-1　中小企業の定義（法人税法と措置法）】

法人税法	中小法人等（法法57⑪）
租税特別措置法	中小企業者等（措法42の4④）

1 中小法人等

　一般的には中小企業という言葉が広く使われていますが、法人税法上はこれに対応するものとして「中小法人等」という用語を用いています。中小法人等は、以下のとおり定義されます。

（1）普通法人のうち資本金の額若しくは出資金の額が1億円以下であるもの又は資本若しくは出資を有しないもの
（2）公益法人等又は協同組合等
（3）人格のない社団等

2 中小企業者等

　法人税法とは別に、租税特別措置法においてもいわゆる中小企業に相当するものとして「中小企業者等」という用語が用いられています。中小企業者等とは、青色申告書を提出するもののうち、以下のものをいいます。

(1) 中小企業者
(2) 農業協同組合等

　　(※) (2)の農業協同組合等には、農業協同組合、農業協同組合連合会、中小企業等協同組合、出資組合である商工組合及び商工組合連合会、内航海運組合、内航海運組合連合会、出資組合である生活衛生同業組合、漁業協同組合、漁業協同組合連合会、水産加工業協同組合、水産加工業協同組合連合会、森林組合並びに森林組合連合会が含まれます（措法42の4⑲九）。

3 中小企業者（措法42の4⑲七）

　中小企業者等のうち、上記2(1)「中小企業者」については、租税特別措置法において、さらに以下のとおり定義されています（措令27の4⑰）。

　なお、中小企業者に該当するかどうかの判定は、その事業年度終了の時の現況によることになります（措通42の12の5-1の3）。

(1) 資本金の額又は出資金の額が1億円以下の法人（但し、一定の大規模法人(※1)の所有に属している(※2)法人を除く）
(2) 資本又は出資を有しない法人のうち常時使用する従業員の数が1,000人以下の法人
(3) 適用除外事業者(※3)以外の法人

　　(※1)「一定の大規模法人」とは、以下の法人をいいます。
　　　① 資本金の額又は出資金の額が1億円を超える法人
　　　② 資本又は出資を有しない法人のうち常時使用する従業員の数が1,000人を超える法人
　　　③ 大法人（資本金の額若しくは出資金の額が5億円以上の法人等）の100％子会社
　　　④ 複数のグループ内の大法人によって完全支配されている法人
　　(※2)「所有に属している」とは、その法人の発行済株式の総数若しくは出資の額の総額の2分の1以上が同一の大規模法人に保有されていること、又はその法人の発行済株式の総数若しくは出資の額の総額の3分の2以上を複数の大規模法人に保有されていることをいいます。
　　(※3)「適用除外事業者」とは、その事業年度開始の日前3年以内に終了した事業年度の年間所得金額の平均額として一定の方法により計算した金額が15億円を超える法人をいいます（措法42の4⑲八）。なお、修正申告や更正により年間所得金額

の平均額の計算の基礎となった各事業年度の所得金額が変更された場合には、その判定を改めて行う必要があります（旧措通42の3の2-1）。

　このように、中小企業といっても、その株主である法人の資本金の額等とその支配割合などによって、法人税法上の「中小法人等」に該当することがあっても租税特別措置法上の中小企業者には該当しない場合があります。

資本金１億円以下であれば従業員が1,000人を超えても中小企業者に該当

　中小企業者に該当するかどうかの判定に当たり従業員数が基準となるのは、あくまでも資本又は出資を有しない法人のみであるため、資本金の額又は出資金の額が１億円以下の法人については、1,000人を超えても、その従業員の数にかかわらず、中小企業者に該当します（措通42の4（3）-2）。

常時使用する従業員とは

　常時使用する従業員は、常勤、非常勤その他日々雇い入れるものであるかどうかを問わず、事務所又は事業所に常時就労している職員、工員等をその範囲とし、例えば、製造現場において数か月程度の期間その労務に従事する者を使用する場合であっても、その従事する者も常時使用する従業員に含まれます（措通42の12の5-1）。

公益法人等の場合の従業員の判定

　出資を有しない公益法人等又は人格のない社団等について、常時使用する従業員の数が1,000人以下かどうかを判定する場合には、税法上の収益事業に従事する従業員の数だけではなく、その全部の従業員の数によって行います（措通42の12の5-1の2）。

2　中堅企業者の定義

　産業競争力強化法の改正に伴い、令和6年度税制改正より企業の区分に「中堅企業者」という新たな分類が法定化され、賃上げ促進税制においてもこの中堅企業者に対する枠が創設されました。

　中堅企業者とは、常時使用する従業員の数が2,000人以下の企業又は個人事業主をいいます。中堅企業者の要件では従業員数に制限を設けていますが、資本金の金額による制限はありません。つまり、従業員数が1,000人超2,000人以下であっても資本金基準によって中小企業者等に該当する場合が想定されるため、ここからは中小企業者等は除かれます。

　なお、中小企業者等と中堅企業者以外の企業はいわゆる大企業ということになりますが、この大企業という定義は法律上では定められていません。

3 賃上げ促進税制の分類

　賃上げ促進税制の税法上の名称は「給与等の支給額が増加した場合の法人税額の特別控除」ということになりますが、本書では、経済産業省が公表する賃上げ促進税制のパンフレット等の中で使用している区分を使いながら、【図表1-2】のように賃上げ促進税制を3つに分類します。

【図表1-2　賃上げ促進税制の分類】

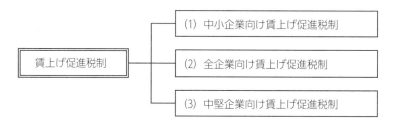

中小企業は全ての分類の選択が可能

　中小企業向け賃上げ促進税制は、他の企業分類の賃上げ促進税制に比べ、使い勝手がよくより優遇された制度となっていますが、適用要件を満たせば、全企業向け又は中堅企業向けの賃上げ促進税制も選択することができます。(2)を大企業向けではなく全企業向けとしているのは、中小企業者等であっても(2)を適用できることによるものです。

　また、賃上げ促進税制の適用に当たりインセンティブが与えられている中小企業において、(2)や(3)の選択の余地があるのかどうかという点については、レアケースにはなりますが、第6章の**事例6**で確認します。なお、当然ですが、これら3つの賃上げ促進税制は重複して適用することはできません。

　【図表1-2】による賃上げ促進税制の区分は、令和6年度税制改正によって新たに

分類化され、その適用期間は令和6年4月1日から令和9年3月31日までの間に開始する各事業年度（個人事業主については、令和7年から令和9年までの各年）が対象となります。

　令和6年度税制改正の背景として、(1) 中小企業向け賃上げ促進税制では、賃上げの裾野をより一層広げるため、いわゆる赤字の中小企業者等に対しても賃上げのインセンティブとなるよう、賃上げを実施した年度に控除しきれなかった金額につき5年間の繰越控除制度が創設され、この中小企業者等への優遇措置は令和6年度税制改正の目玉の1つといえます。

　また、(2) 全企業向け賃上げ促進税制は、多くの場合、大企業に向けた制度ということにはなりますが、こうした大企業は物価高に負けない賃上げの牽引役を担っています。そこで、より高い賃上げへのインセンティブを強化するため、賃上げ率に応じた段階的な税額控除割合が設定されました。

　そして、中小企業を卒業し、規模拡大に伴い経営の高度化や商圏の拡大・事業の多角化といったビジネスの展開がみられる段階にある企業群として期待される中堅企業に対しては、地域の良質な雇用を支え、賃上げしやすい環境を整備するため、全企業（大企業）向け賃上げ促進税制よりも恩恵を受けやすい、(3) 中堅企業向け賃上げ促進税制が新設されました。

第 2 章

中小企業向け
賃上げ促進税制

リーマンショック以降、給与所得者の平均給与が低位の水準を推移し続けていた経済情勢を踏まえ、個人所得の拡大を図るとともに、所得水準の改善を通じた消費喚起による経済成長を達成するため、平成25年度税制改正において、事業者が給与等支給額を増加させた場合に税額控除を可能とする「所得拡大促進税制」が創設されました。

　当初の所得拡大促進税制では、基準年度を設定し、雇用者に支給する給与等がその基準年度の給与等支給額と比較して一定割合増加していることを要件に一定の税額控除が認められていました。

　その後、税額控除割合を引き上げ、さらに教育訓練費等による上乗せ措置を設けるとともに、適用要件をこれまでの基準年度における給与等支給額との比較から、2期連続で雇用されている継続雇用者に対し前年度比のベースアップによる給与等支給額の比較へと改正され、さらに大企業に対しては人材への投資だけではなく設備への投資も適用要件の1つとして加えました。

　しかし、こうした適用のための要件チェックは事務負担が過重で、より使い勝手の良い制度にすべく、中小企業者等に対してはその適用要件を継続雇用者に対する給与等支給額の前期比較から単純に全ての雇用者への給与等支給額の前期比較にすることへと緩和されました。また、大企業に対しては、新規雇用者に対する給与等支給額の前期比較による「人材確保等促進税制」へと改正されたものの、結局はこれまでと同じようにベースアップを重視した継続雇用者に対する給与等支給額の前期比較を適用要件とする制度へと戻されました。

　このように、中小企業、大企業ともに幾度かの改正を経て、積極的な賃上げや雇用増に取り組む企業を応援するため、現在の「賃上げ促進税制」へと構築されました。

　なお、賃上げ促進税制は、法人に限らず青色申告の個人事業主も当然に適用することができますが、本書では、法人が適用するケースを中心に確認を進めていきます。

1 中小企業向け賃上げ促進税制の概要

　賃上げ促進税制は、中小企業や大企業といった事業の規模を問わず、全ての事業者が適用を受けることができる税額控除制度ですが、その中でも、まずは中小企業向け賃上げ促進税制から確認していくことにします。中小企業向け賃上げ促進税制は、地域の経済と雇用を支える中小企業がより恩恵を受けることができる、中小企業者等に限定した優遇措置になっています。

1 制度の概要

　中小企業向け賃上げ促進税制は、「中小企業者等が給与等の引上げを行った場合の特別税額控除」として租税特別措置法に規定されています。中小企業向け賃上げ促進税制は、青色申告書を提出する中小企業者等について、平成30年4月1日から令和9年3月31日までの間に開始する各事業年度のうち、その事業年度(適用年度)において国内雇用者に対して支給する雇用者給与等支給額がその前事業年度に比べ一定の割合で増加している場合、その増加割合に応じ、一定の金額を適用年度の法人税額から控除することができる制度です(措法42の12の5③)。

　適用年度の法人税の額から控除することができる税額控除限度額(以下、「中小企業者等税額控除限度額」といいます)は、次の算式により計算します。

中小企業者等税額控除限度額＝(1) 控除対象雇用者給与等支給増加額×(2) 税額控除割合

中小企業者であるかどうかの判定

　中小企業向け賃上げ促進税制の適用を受けるに当たり、その法人が中小企業者等に該当するかどうかの判定は、この制度の適用を受ける事業年度終了の時の現況によることになります(措通42の12の5-1の3)。

　よって、その法人が事業年度の中途に資本金の額等を1億円以下に減資等をした

ときには、その事業年度において一定の大規模法人による支配を受けていない場合のほか適用除外事業者に該当していなければ、中小企業向け賃上げ促進税制を適用することができます。

なお、個人事業主の場合には、適用を受ける年の12月31日の現況によります。

(適用が除外される事業年度に注意)

この制度は、その適用年度のうち、そもそも国内雇用者に対する給与等の支給が発生しない事業年度は適用できません。

また、適用期間の各事業年度からは、次の事業年度が除かれています。

① 設立事業年度
② 解散の日を含む事業年度（合併による解散を除く）
③ 清算中の各事業年度

(1) 控除対象雇用者給与等支給増加額

中小企業向け賃上げ促進税制の適用により、適用年度の法人税の額から控除することができる中小企業者等税額控除限度額の計算の基礎となる「控除対象雇用者給与等支給増加額」とは、次の算式のとおり、適用年度の雇用者給与等支給額から前事業年度における雇用者給与等支給額（以下、「比較雇用者給与等支給額」といいます）を控除した金額をいい、控除対象雇用者給与等支給増加額は【図表2-1】のようなイメージとなります。ただし、地域拠点強化税制における雇用促進税制（「地方活力向上地域等において雇用者の数が増加した場合の法人税額の特別控除」（措法42の12））の適用を受ける場合には、その控除を受ける金額の計算の基礎となった従業員等に対する給与等の支給額として一定の方法により計算した金額は、雇用者給与等支給額及び比較雇用者給与等支給額に含めることはできません。

```
控除対象雇用者給与等支給増加額＝雇用者給与等支給額－比較雇用者給与等支給額
                            （当事業年度）      （前事業年度）
```

【図表2-1 控除対象雇用者給与等支給増加額のイメージ】

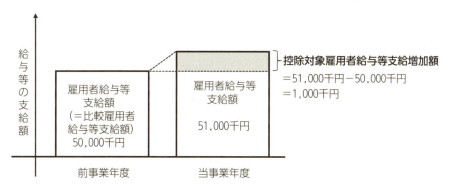

なお、それぞれの用語の意義については、3で確認していきますが、控除対象雇用者給与等支給増加額を計算するに当たり、適用年度やその前事業年度において雇用調整助成金などの雇用安定助成金額がある場合には、これとは別に、雇用者給与等支給額や比較雇用者給与等支給額からこれらを控除した金額をベースに控除対象雇用者給与等支給増加額を計算し直してその金額を決定する必要があります。こうしたケースについては、2の中で事例を使いながら確認することにします。

(2) 税額控除割合

中小企業者等税額控除限度額を計算する上でもう1つの重要な計算要素となる税額控除割合は、適用年度における雇用者給与等支給額の前事業年度比の増加割合（以下、「雇用者給与等支給増加割合」といいます）に応じて【図表2-2】のとおり上乗せ措置（以下、本書ではこの雇用者給与等支給増加割合による上乗せ措置を適用するための要件を＜割増要件＞として＜通常要件＞と区分します）も講じられています。

【図表2-2 雇用者給与等支給増加割合による税額控除割合】

	適用要件	税額控除割合
＜通常要件＞	雇用者給与等支給額が、前事業年度と比べて1.5%以上増加	15%
＜割増要件＞	雇用者給与等支給額が、前事業年度と比べて2.5%以上増加	＋15%

また、中小企業向け賃上げ促進税制に限らず、賃上げ促進税制全般として、雇用者給与等支給増加割合による上乗せ措置以外に、教育訓練費の増加による上乗せ措置（以下、本書ではこの上乗せ措置を適用するための要件を「上乗せ要件①」として分類します）や子育てとの両立・女性活躍支援による上乗せ措置（以下、本書ではこの上乗せ措置を適用するための要件を「上乗せ要件②」として分類します）が講じられています。これらの上乗せ措置の適用要件と＜通常要件＞に上乗せすることができる税額控除割合は、【図表 2-3】のとおりとなっており、中小企業向け賃上げ促進税制では、全企業向け賃上げ促進税制や中堅企業向け賃上げ促進税制よりも適用要件が緩和されています。

【図表 2-3　雇用者給与等支給増加割合による＜割増要件＞以外の上乗せ措置】

	適用要件	税額控除割合
＜上乗せ要件①＞	教育訓練費の額が、前事業年度と比べて 5% 以上増加	＋10%
＜上乗せ要件②＞	くるみん認定以上又はえるぼし認定（2 段目以上）を取得	＋5%

　なお、上乗せ要件①と上乗せ要件②とは選択ではなく、適用要件を満たせば同時にどちらの上乗せ措置も適用することができます。
　つまり、【図表 2-4】のとおり、全ての上乗せ要件をクリアした場合には、中小企業向け賃上げ促進税制の税額控除割合は最大で 45% となります。

【図表 2-4　税額控除割合の上乗せ措置】

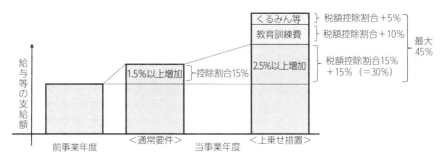

(3) 控除上限額

　中小企業向け賃上げ促進税制により、中小企業者等税額控除限度額のうち適用年度の法人税の額から控除できる金額は、次の算式のとおり、調整前法人税額の20％に相当する金額が上限となります（措法42の12の5③）。

> 中小企業向け賃上げ促進税制における控除上限額＝調整前法人税額×20％

　なお、中小企業向け賃上げ促進税制では、適用年度において控除上限額を超えて控除しきれなかった金額については、5年間の繰越税額控除制度が設けられているのが特徴です。繰越税額控除制度の内容については、5で確認します。

特別控除税額の特例制度での超過構成額は最優先

　一事業年度において中小企業向け賃上げ促進税制の適用により控除できる税額は控除上限額によって制限されていますが、この制度以外にも租税特別措置法では多くの税額控除制度の措置が講じられており、重複して適用することが認められています。そうなると、各制度の税額控除の金額の合計が適用年度の法人税額を超過することも想定されるため、租税特別措置法においては、各税額控除制度相互間での調整規定として、適用年度の法人税の額から控除できる金額の限度を、調整前法人税額の90％相当額とすることを定めた「法人税の額から控除される特別控除の特例」が設けられています。

　実務上、ほとんどあり得ないことかもしれませんが、もし適用年度の各制度における税額控除額の合計がその事業年度の法人税の額の90％相当に達してしまった場合には、その超過部分は税額控除することができず切捨てとなってしまいます。その場合に切捨ての対象となる優先順位が、繰越税額控除制度を設けている優遇措置の中からその控除可能期間が最も長いものから順次構成するとされているため（措法42の13）、5年間の繰越控除制度が設定されているこの中小企業向け賃上げ促進税制による税額控除部分のうち適用年度に生じた部分が最優先ということになります。

2 適用要件

中小企業向け賃上げ促進税制は、その中小企業者等が、適用年度において、次の(1)及び(2)の要件を満たす場合に適用することができます。
(1) 国内雇用者に対し、給与等を支給すること
(2) 雇用者給与等支給増加割合が1.5%以上増加していること

ここで、(2)の雇用者給与等支給増加割合とは、雇用者給与等支給額から比較雇用者給与等支給額を控除した金額のその比較雇用者給与等支給額に対する割合をいいます。雇用者給与等支給増加割合の計算方法と適用要件の判定のイメージは、次の算式及び【図表2-5】のとおりとなりますが、各用語の意義については、3で確認することにします。

$$\text{雇用者給与等支給増加割合} = \frac{\text{雇用者給与等支給額} - \text{比較雇用者給与等支給額}}{\text{比較雇用者給与等支給額}} \geq 1.5\%$$

【図表2-5 適用要件の判定のイメージ】

なお、この制度の適用を受けるためには、法人税の申告の際に、確定申告書等に税額控除の対象となる控除対象雇用者給与等支給増加額やその控除を受ける金額、そしてこれらの金額の計算に関する明細を記載した書類を添付しなければなりません(措法42の12の5⑦)。

(適用額明細書の提出義務も忘れずに)
法人税申告書を提出する法人で、法人税に関する租税特別措置のうち税額や所得

の金額を減少させる措置（これを法人税関係特別措置といいます）の適用を受ける場合には、「適用額明細書」を申告書に添付しなければなりません（租税透明化法3①）。そして、この適用額明細書の添付がなかった場合又は添付があっても虚偽の記載があった場合には、法人税関係特別措置の適用が受けられないこととなっています（同法3②）。

　実務上では、添付漏れとなった場合には、税務署から明細書の提出を求める連絡が入りますが、速やかに適用額明細書を提出すれば特別措置の適用が受けられないといった事態になることはありません。

3　用語の意義

　ここまで中小企業向け賃上げ促進税制の概要について確認してきましたが、賃上げ促進税制全体を通しても、適用要件の確認に当たってはこの制度独自の用語が用いられています。そのため、ここまでに登場してきた用語の意義やその範囲などについて確認することにします。

(1) 雇用者給与等支給額

　雇用者給与等支給額とは、適用年度の所得の金額の計算上損金の額に算入される全ての国内雇用者に対する給与等の支給額をいいます（措法42の12の5⑤九）。但し、「補填額」（その給与等に充てるため他の者から支払を受ける金額から国又は地方公共団体から受ける雇用保険法62条1項1号に掲げる事業として支給が行われる助成金その他これに類するものの額（これを「雇用安定助成金額」といいますが、具体的な用語の意義は下記 **(7)** で確認します）及び役務の提供の対価として支払を受ける金額を除いた金額）がある場合には、その金額を除きます（措法42の12の5⑤四）。

(2) 比較雇用者給与等支給額

　比較雇用者給与等支給額とは、適用年度の前事業年度の雇用者給与等支給額（前事業年度の月数と適用年度の月数とが異なる場合には、その月数に応じ一定の方法により計算した金額）をいいます（措法42の12の5⑤十一）。

事業主都合による離職者がいる場合の取扱い

　適用年度とその前事業年度の各事業年度に、人員整理や事業の休廃止等による解雇、事業主の勧奨等による任意退職があった場合等であっても、賃上げ促進税制においては、こうした事業主都合による離職者がいないことなどは要件とされていません。そのため、これらの者の給与等を含めて国内雇用者に対する給与等の支給額を計算した結果、適用要件を満たしてさえいれば、離職者の存在が賃上げ促進税制の適用に影響を及ぼすことはありません。

前事業年度が適用年度の月数と異なる場合

　前事業年度の月数が適用年度（事業年度を自4月1日至3月31日とします）と異なるとき、次に掲げる前事業年度の月数に応じ、比較雇用者給与等支給額はそれぞれ次の方法により計算します。なお、月数は暦に従って計算し、1月に満たない端数が生じたときは、これを1月として計算します（措法42の12の5⑥）。

① **前事業年度が6か月に満たない場合**

　最初の例は、前事業年度の期間が6か月に満たないケースになりますが、この場合の比較雇用者給与等支給額は、【図表2-6】のとおり、適用年度の開始の日の前日から過去1年（適用年度が1年に満たない場合には、過去1年ではなくその適用年度の期間になります。以下同じ）以内に終了した各事業年度の雇用者給与等支給額に適用年度の月数を乗じ、これを適用年度の開始の前日から過去1年に終了した各事業年度の月数で除して計算します。

【図表2-6 比較雇用者給与等支給額の計算（前事業年度6か月未満のケース）】

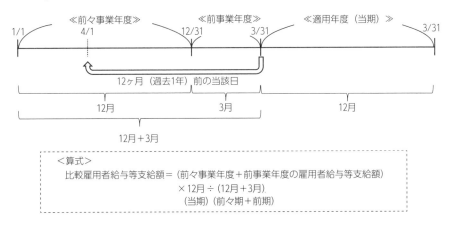

② 前事業年度が6か月以上の場合

2つ目の例は、前事業年度が6か月以上のケースですが、この場合の比較雇用者給与等支給額は、【図表2-7】のとおり、前事業年度の雇用者給与等支給額に適用年度の月数を乗じ、これを前事業年度の月数を除して計算します。

【図表2-7 比較雇用者給与等支給額の計算（前事業年度6か月以上のケース）】

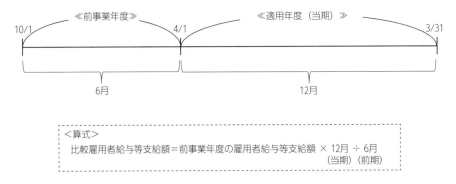

第2章　中小企業向け賃上げ促進税制　19

③ 前事業年度が適用年度の期間を超える場合

最後3つ目の例は、前事業年度が適用年度の期間を超えるケースです。この場合の比較雇用者給与等支給額は、**【図表 2-8】**のとおり、前事業年度の雇用者給与等支給額に適用年度の月数を乗じ、これを前事業年度の月数で除して計算します。

【図表 2-8　比較雇用者給与等支給額の計算（前事業年度が適用年度の期間を超えるケース）】

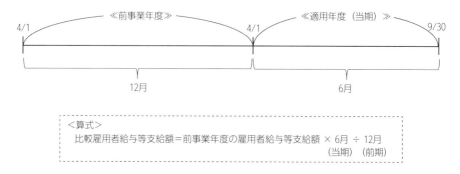

(3) 国内雇用者

国内雇用者とは、法人の使用人のうち、国内に所在する事業所につき作成された労働基準法に規定する賃金台帳に記載された者をいいます（措令27の12の5⑥）。労働基準法上、賃金台帳には日々雇い入れられる者を記載することとされているため、国内雇用者には、パート、アルバイト、日雇い労働者等も含まれます。

また、国内雇用者は法人の使用人に限られているため、役員及び実質的に役員と同一の者と考えられる次の者は対象外となります（措法42の12の5⑤二、措令27の12の5⑤）。

① 役員（法法2十五に規定する役員をいいます）
② 役員の親族
③ 役員と事実上婚姻関係と同様の事情にある者
④ 役員から生計の支援を受けているもの
⑤ ③又は④の者と生計を一にするこれらの者の親族

（国内雇用者には該当しない役員の範囲）

国内雇用者の対象外となる役員には、使用人兼務役員を含む役員及び役員と特殊

の関係がある者は含まれません。

　ここでいう役員とは、法人の取締役、執行役、会計参与、監査役、理事、監事及び清算人を指します。また、それ以外の者で、例えば、取締役等となっていない総裁、副総裁、会長、副会長や相談役、顧問などで、その法人内における地位、職務等からみて他の役員と同様に実質的に法人の経営に従事していると認められるものも含まれます。

　また、役員と特殊の関係がある者とは、法人の役員の親族を指し、その親族とは、六親等内の血族、配偶者、三親等内の姻族が該当します。

　なお、国内雇用者である法人の使用人は、職税上使用人としての地位のみを有する者をその範囲としているため、使用人兼務役員についても国内雇用者には含まれません。

事業年度の途中で役員となった場合の給与等の取扱い

　賃上げ促進税制は、使用人に対する制度であるため、適用年度又はその前事業年度の途中で役員となった者がいる場合には、その役員分の給与等は雇用者給与等支給額から除外し、使用人であった期間の部分の給与等のみが計算の対象となります。

一時的に海外で働く従業員等に対する給与等の取扱い

　国内雇用者とは、法人の使用人のうち、国内に所在する事業所につき作成された労働基準法に規定する賃金台帳に記載された者とされているため、海外への長期出張等により一時的に海外で勤務していた場合であっても、国内の事業所で作成された賃金台帳に記載され、給与等の支給を受けている使用人については、その期間中も国内雇用者に該当することになります。

　また、技能実習生や特定技能による在留資格をもって就労する外国人労働者については在留期間の縛りによって有期雇用契約となってしまいますが、国内の事業所で作成された賃金台帳に記載されて給与等の支給を受けている限りは国内雇用者に該当します。

(4) 給与等

　賃上げ促進税制における給与等とは、所得税法28条1項に規定する給与等をいいます（措法42の12の5⑤三）。ちなみに所得税法28条1項は「給与所得」を定めたもので、給与所得とは、俸給、給料、賃金及び賞与並びにこれらの性質を有する給与に係る所得をいうと規定されています。つまり、これには残業手当や休日出勤手当、家族（扶養）手当、住宅手当も給与等に含まれる一方で、退職金などの給与所得に該当しないものは、ここでいうところの給与等には含まれません。

通勤手当等は原則「給与等」だが、例外的な取扱いあり

　給与所得者に対する通勤手当や経済的利益のうち所得税法9条の規定により非課税とされるものについてはあくまでも例外的な取扱いとして非課税としているため、賃上げ促進税制の側面からは原則として「給与等」に含まれることになります。

　しかし、実務上ではこうした非課税とされる経済的な利益等については、旅費交通費や福利厚生費、会議費などで処理されることが多く、これらの各費用科目の中から国内雇用者に係る部分を抽出することは、法人にとっては煩雑な作業になります。そこで、そもそも非課税とされる通勤手当や課税の対象外となる少額の経済的利益などについてまで、賃上げ促進税制の「給与等」の範囲に必ずしも含めるべきものでもないという面もあり、合理的な方法によることを前提として、継続的に国内雇用者に対する給与等の支給額を計算していればこれを認めています。

　つまり、賃金台帳をベースに、そこに記載された所得税の課税対象となる給与等さえ集計しているのであれば、これを合理的な方法によって給与等の支給額を計算しているものとして取り扱い、こうした非課税とされる経済的利益等までもわざわざ賃上げ促進税制の「給与等」に含める必要はないとした例外的な取扱いを認めています。

「給与等」の集計方法は同じ条件で

　非課税とされる経済的利益等に対し、これを「給与等」に含めないことを認める例外的な取扱いには継続処理が求められています。これには、賃上げ促進税制の適用年度においてもその前事業年度においても同じ方法によって「給与等」を計算していれば課税上の弊害は生じないことを根拠としています。

そのため、例えば、これまで非課税となる経済的利益等を含めて給与等を計算していたものを、これらを含めないで計算する方法に変えるなど、「給与等」の集計範囲を変更する場合には、前事業年度の雇用者給与等支給額を適用年度と同じ条件で集計したものに計算し直す必要があります。

> 決算整理における給与等の取扱いに注意

　雇用者給与等支給額は、所得の金額の計算上損金算入される給与等の支給額をいいます。そのため、未払給与については計上時に損金算入されることから計上時の事業年度の雇用者給与等支給額に含まれますが、前払給与については計上時に損金算入されないため計上時の事業年度の雇用者給与等支給額の対象にはならず、その後の雇用者給与等支給額に含まれることになります。

　また、決算賞与を未払計上している場合には、①その支給額を、各人別に、同時期に支給を受ける全ての使用人に対して通知をしていること、②その通知をした金額を通知した全ての使用人に対しその通知をした日の属する事業年度終了の日から1か月以内に支払っていること、③その支給額につきその通知をした日の属する事業年度において損金経理をしていることが損金算入の要件となっています（法令72の3）。つまり、税務上損金算入が認められない未払賞与については、その事業年度の雇用者給与等支給額にはならず、その後損金算入が認められる事業年度における雇用者給与等支給額に含まれることになります。

(5) 他の者から支払を受ける金額

　控除対象雇用者給与等支給増加額を計算するに当たり、雇用者給与等支給額や比較雇用者給与等支給額から控除すべき他の者から支払を受ける金額には、以下のものが該当します（措通42の12の5-2）。

① 　補助金、助成金、給付金又は負担金その他これらに準ずるもの（以下、「補助金等」といいます）の要綱、要領又は契約において、その補助金等の交付の趣旨又は目的がその交付を受ける法人の給与等の支給額に係る負担を軽減させることが明らかにされている場合のその補助金等の交付額（形式基準）

　　≪該当する補助金等の例示（国からの補助金）≫
　　業務改善助成金

② ①以外の補助金等の交付額で、資産の譲渡、資産の貸付け及び役務の提供に係る反対給付としての交付額に該当しないもののうち、その算定方法が給与等の支給実績又は支給単価（雇用契約において時間、日、月、年ごとにあらかじめ定められている給与等の支給額をいいます）を基礎として定められているもの（実質基準）

≪該当する補助金等の例示（国からの補助金）≫
雇用調整助成金、緊急雇用安定助成金、産業雇用安定助成金、労働移動支援助成金（早期雇入れコース）、キャリアアップ助成金（正社員化コース）、特定求職者雇用開発助成金（就職氷河期世代安定雇用実現コース）、特定求職者雇用開発助成金（特定就職困難者コース）

③ ①及び②以外の補助金等の交付額で、法人の使用人が他の法人に出向した場合において、その出向した使用人（以下、ここでは「出向者」といいます）に対する給与を出向元法人（出向者を出向させている法人をいいます。以下同じ）が支給することとしているときに、出向元法人が出向先法人（出向元法人から出向者の出向を受けている法人をいいます。以下同じ）から支払を受けた出向先法人の負担すべき給与に相当する金額

資産の譲渡等に係る反対給付としての交付額に該当しないもの

②に掲げられている資産の譲渡、資産の貸付け及び役務の提供に係る反対給付としての交付額に該当しないものとは、例えば、請負や委託などの契約において、労働者の作業時間に単価を掛けて、これにマージンを上乗せして請求するようなケースのものをいいます。そして、こうしたものについては補填額（給与等に充てるため他の者から支払を受ける額）としては対象外、つまり、雇用者給与等支給額から控除する必要のないものということになります。

控除する事業年度のタイミング

雇用者給与等支給額や比較雇用者給与等支給額から控除する必要がある給与等に充てるため他の者から支払を受ける金額を控除するタイミングは、補助金等とその対象となる給与とを対応させる必要があります。つまり、補助金等はその交付対象となる給与の支給よりも遅れることが通常かもしれませんが、たとえ会計上におい

て交付を受けた補助金の収益計上が期ズレとなった場合でも、賃上げ促進税制の適用においては、補助金の対象となった給与とその補助金等を対応させる必要があります。

(6) 控除対象雇用者給与等支給増加額

　中小企業向け賃上げ促進税制は、控除対象雇用者給与等支給増加額に税額控除割合を乗じた金額をその事業年度の法人税額から控除することができます。そして、その控除対象雇用者給与等支給増加額とは、**【図表2-1】**にもありますが、次の算式（再掲）のとおり、適用年度における雇用者給与等支給額から前事業年度の雇用者給与等支給額である比較雇用者給与等支給額を控除した金額をいいます（措法42の12の5⑤六）。

> 控除対象雇用者給与等支給増加額＝雇用者給与等支給額－比較雇用者給与等支給額
> 　　　　　　　　　　　　　　　　　　（当事業年度）　　　　（前事業年度）

　但し、各事業年度において雇用安定助成金額がある場合には、控除対象雇用者給与等支給増加額は、調整雇用者給与等支給増加額が限度とされています。つまり、雇用安定助成金額を控除しない場合で計算した雇用者給与等支給増加額の金額と、雇用安定助成金額を控除したものとして計算した調整雇用者給与等支給増加額とを比較していずれか小さい方の金額が、税額控除の金額を計算する基礎となる控除対象雇用者給与等支給増加額となります。

　なお、雇用安定助成金額の用語の意義については、次の **(7)** で確認しますが、控除対象雇用者給与等支給増加額の計算に影響する雇用安定助成金額の範囲と、前述 **(1)** にある雇用者給与等支給額や比較雇用者給与等支給額から控除すべき補填額とはその範囲が異なるため注意が必要です。

「補填額」の範囲

　雇用者給与等支給額及び比較雇用者給与等支給額の計算に当たり、「補填額」がある場合には、給与等の支給額からその金額を控除します。この「補填額」という用語の意義は明文化されているわけではありませんが、賃上げ促進税制関連のパンフレット等においてこの用語が使われているため、**【図表2-9】**においてその範囲を確認しておきます。

【図表 2-9　補填額と雇用安定助成金額等との関係】

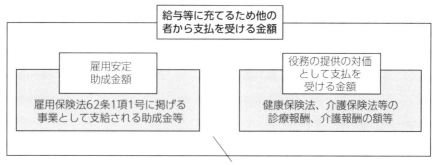

【図表 2-9】のとおり、補填額は、給与等に充てるため他の者から支払を受ける金額のうち雇用安定助成金額や役務の提供の対価として支払を受ける金額(以下、「雇用安定助成金額等」といいます)以外の金額となります。そして、雇用者給与等支給額や比較雇用者給与等支給額を計算するに際しては、**(1)**の定義にあるように、補填額がある場合にはこれを控除する必要があります。しかし、同じ給与等に充てるため他の者から支払を受ける金額であっても、これが雇用安定助成金額等に該当するものである場合には、その金額は雇用者給与等支給額や比較雇用者給与等支給額から控除する必要はありません。

一方、中小企業向け賃上げ促進税制における税額控除の金額を計算するための基礎となる控除対象雇用者給与等支給増加額の計算においても補填額を控除する必要がありますが、この控除対象雇用者給与等支給増加額を計算する上では、この補填額が雇用安定助成金額等であってもこれを控除する必要があります。

これらの詳細については、以下の2又は3で確認していくことにします。

(7) 雇用安定助成金額

雇用安定助成金額とは、国又は地方公共団体から受ける雇用保険法62条1項1号に掲げる事業として支給が行われる助成金その他これに類するものの額をいい、以下のものが該当します(措通42の12の5-2の2)。

① 雇用調整助成金、産業雇用安定助成金又は緊急雇用安定助成金の額

② ①に上乗せして支給される助成金の額その他の①に準じて地方公共団体から支給される助成金の額

「雇用安定助成金額」の取扱いには要注意

　雇用安定助成金額は、上記 **(1)** 雇用者給与等支給額や **(2)** 比較雇用者給与等支給額からは控除しませんが、下記 **(8)** 調整雇用者給与等支給増加額の計算では雇用者給与等支給額や比較雇用者給与等支給額のそれぞれから控除して雇用者給与等支給増加額を計算したものと、これらのそれぞれから雇用安定助成金額を控除しなかった雇用者給与等支給増加額とを比較することになります。

　このように、雇用安定助成金額は【図表2-9】のとおり給与等に充てるため他の者から支払を受ける金額には該当しますが、同じ給与等に充てるため他の者から支払を受ける金額の範囲に含まれる補填額とでは、雇用者給与等支給額や比較雇用者給与等支給額の計算において取扱いが少し異なりますので注意が必要です。

雇用保険法62条1項1号

> **(雇用安定事業)**
> 第62条　政府は、被保険者、被保険者であった者及び被保険者になろうとする者に関し、失業の予防、雇用状態の是正、雇用機会の増大その他雇用の安定を図るため、雇用安定事業として、次の事業を行うことができる。
> 一　景気の変動、産業構造の変化その他の経済上の理由により事業活動の縮小を余儀なくされた場合において、労働者を休業させる事業主その他労働者の雇用の安定を図るために必要な措置を講ずる事業主に対して、必要な助成及び援助を行うこと。

役務の提供の対価として支払を受ける金額とは

　雇用安定助成金額と同様に補填額には含まれず雇用者給与等支給額に含まれる「役務の提供の対価として支払を受ける金額」には、例えば、看護職員処遇改善評価料や介護職員処遇改善加算のように、次に掲げる報酬の額その他これらに類する公定価格（法令又は法令に基づく行政庁の命令、許可、認可その他の処分に基づく価格をいいます）が設定されている取引における取引金額に含まれる額が該当します。

① 健康保険法その他法令の規定に基づく診療報酬の額

② 介護保険法その他法令の規定に基づく介護報酬の額
③ 障害者の日常生活及び社会生活を総合的に支援するための法律その他法令の規定に基づく障害福祉サービス等報酬の額

(8) 調整雇用者給与等支給増加額

調整雇用者給与等支給増加額とは、適用年度の雇用安定助成金額等を控除した雇用者給与等支給額から、前事業年度の雇用安定助成金額等を控除した比較雇用者給与等支給額を控除した金額をいいます。

(控除対象雇用者給与等支給増加額の決定)

給与等に充てるため他の者から支払を受ける金額のうち雇用者安定助成金額等の交付を受けている各事業年度については、まず雇用者給与等支給額や比較雇用者給与等支給額からこれらを控除する前で計算した雇用者給与等支給増加額を算定しておきます。そして雇用安定助成金額の交付を受けている場合には、さらにこれらを控除した後の雇用者給与等支給額や比較雇用者給与等支給額を使って計算した控除対象雇用者給与等支給増加額（これを「調整雇用者給与等支給増加額」といいます）を算定し、以下のように、これらの金額を比較した上でいずれか少ない金額が、中小企業向け賃上げ促進税制における税額控除額を計算するための「控除対象雇用者給与等支給増加額」ということになります。具体的には、3 の中で事例を使いながら確認することにします。

○雇用者給与等支給増加額 ＜ 調整雇用者給与等支給増加額
→ 雇用者給与等支給増加額が「控除対象雇用者給与等支給増加額」となります。

○雇用者給与等支給増加額 ＞ 調整雇用者給与等支給増加額
→ 調整雇用者給与等支給増加額が「控除対象雇用者給与等支給増加額」となります。

(9) 雇用者給与等支給増加割合

雇用者給与等支給増加割合とは、雇用者給与等支給額からその比較雇用者給与等支給額を控除した金額のその比較雇用者給与等支給額に対する割合をいいます。雇用者給与等支給増加割合が1.5％以上であれば、中小企業向け賃上げ促進税制を適

用することができます。また、雇用者給与等支給増加割合によっては適用できる税額控除割合の上乗せ措置が講じられています。中小企業向け賃上げ促進税制に限れば、**【図表 2-10】**のとおり、雇用者給与等支給増加割合割合が1.5％以上であれば税額控除割合は通常の15％ですが、2.5％以上になれば割増要件による上乗せ措置によって税額控除割合は30％になります。

【図表 2-10　中小企業向け賃上げ促進税制の税額控除割合】

雇用者給与等 支給増加割合	税額控除割合	
＋1.5％	15％	(通常要件)
＋2.5％	30％	(割増要件)

（※）控除上限額は法人税額の20％

2 適用要件の判定

 中小企業向け賃上げ促進税制に登場する用語の意義について確認したところで、改めて中小企業向け賃上げ促進税制の適用要件を確認するとともに、その適用判定について具体的にみていくことにします。

1 適用要件の確認

 中小企業向け賃上げ促進税制の適用要件として、まずはそもそも雇用者給与等支給額が比較雇用者給与等支給額を上回っているかどうかということが第一条件になります。確認の方法としては、単純に適用年度と前事業年度の損益計算書や製造原価報告書を並べ、「給与手当」や「賞与」、「賃金」などの勘定科目に計上されている金額の合計を比べれば、簡便的に第一条件をクリアしているかどうかを判定することができます。

 さらに、中小企業向け賃上げ促進税制の場合には、そのまま各事業年度の給与手当などに計上されたそれぞれの勘定科目の金額の合計の数値を使って、雇用者給与等支給増加割合がどれくらいあるのかを計算することで、適用の可否とともに適用できる税額控除割合も合わせて判定することができます。

 なお、雇用者給与等支給額や比較雇用者給与等支給額には、役員やその特殊関係者に対する給与等を含めないこととされているため、役員報酬や給与手当などの各勘定科目に含まれている役員等に対する給与等を除かなければなりません。中小企業には多いかもしれませんが、役員の特殊関係者が代表者の家族以外にいない場合には、各事業年度の法人税の申告で添付する『勘定科目内訳明細書』の中の「役員報酬手当等及び人件費の内訳書」の数字を使って計算していくと、申告書全体を通じて整合性を図ることができます。

 しかし、これはあくまでも単純なケースになります。つまり、国内雇用者に対する給与等の支給額に対して補填額がある場合には、これらを控除して要件の適用判

定を行わなければなりません。具体的な適用判定の計算例について、2で確認していきます。

2 適用判定の計算例

　賃上げ促進税制全般的な適用要件としては、適用年度の雇用者給与等支給額が前事業年度の雇用者給与等支給額である比較雇用者給与等支給額を上回っていることが絶対的な条件となりますが、さらに中小企業向け賃上げ促進税制においては、以下（再掲）のとおり、雇用者給与等支給増加割合が1.5％以上であることが適用要件になります。

$$雇用者給与等支給増加割合 = \frac{雇用者給与等支給額 - 比較雇用者給与等支給額}{比較雇用者給与等支給額} \geq 1.5\%$$

　なお、雇用者給与等支給増加割合が2.5％以上かどうかは、あくまでも税額控除割合を上乗せできるかどうかの要件となるため、ここでは1.5％以上かどうかの判定に留めておきます。

〈ケース1〉

　〈ケース1〉では、前事業年度と当事業年度のP/Lのうち給与手当や賞与などに計上された給与等に関する勘定科目の金額の合計を単純に比較して適用の可否の判定を行います。ここでの前提として、役員の特殊関係者はおらず、補填額もないものとします。

　それでは、【図表2-11】を使いながら、雇用者給与等支給額及び比較雇用者給与等支給額を計算していきます。

【図表 2-11　前期比較損益計算書（ケース 1）】

(単位：千円)

損益計算書　　＜前事業年度＞
　　自　×0年4月　1日
　　至　×1年3月31日
　　　・
　　　・
　　　・
【販売費及び一般管理費】
　役 員 報 酬　　　　6,000
　給 与 手 当　　 110,000　┐合計 125,000
　賞　　 　与　　　 15,000　┘
　　　・
　　　・
　　　・

損益計算書　　＜当事業年度＞
　　自　×1年4月　1日
　　至　×2年3月31日
　　　・
　　　・
　　　・
【販売費及び一般管理費】
　役 員 報 酬　　　　6,000
　給 与 手 当　　 115,000　┐合計 120,000
　賞　　 　与　　　　5,000　┘
　　　・
　　　・
　　　・

　まず、役員報酬は雇用者給与等支給額及び比較雇用者給与等支給額のどちらにも含まれないため、これらは集計しませんが、各事業年度の給与手当と賞与の勘定科目に計上されている金額の合計によって中小企業向け賃上げ促進税制の適用要件を確認していきます。そうすると、適用年度である当事業年度の給与等の合計額 120,000 千円（＝給与手当 115,000 千円＋賞与 5,000 千円）が前事業年度の給与等の合計額 125,000 千円（＝給与手当 110,000 千円＋賞与 15,000 千円）を下回ってしまうため、残念ながら中小企業向け賃上げ促進税制の適用はできません。なおここで、念のために雇用者給与等支給増加割合を計算してみると、【図表 2-12】のとおりとなります。

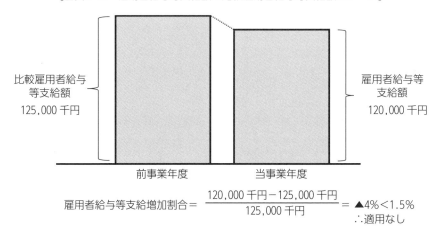

【図表 2-12 雇用者給与等支給額＜比較雇用者給与等支給額のケース】

そもそも雇用者給与等支給額が比較雇用者給与等支給額を上回ることができなかったため、雇用者給与等支給増加割合もマイナスとなり、中小企業向け賃上げ促進税制の適用できないという結果にはなりますが、このケースのように、各事業年度において支給する賞与の金額によって適用が左右されることは実務上では少なくありません。

〈ケース2〉

〈ケース2〉は、〈ケース1〉と同じく、役員の特殊関係者はおらず、補填額もないケースです。そして今度は【図表 2-13】のように、当事業年度のP/L上に計上された給与手当と賞与の合計金額が、前事業年度よりも上回っているケースになります。

【図表 2-13 前期比較損益計算書（ケース 2）】

(単位：千円)

損益計算書　＜前事業年度＞
　　　　　　自　×0年4月 1日
　　　　　　至　×1年3月31日
　　　　　　・
　　　　　　・
　　　　　　・
【販売費及び一般管理費】
　役員報酬　　　　6,000
　給与手当　　　110,000 ┐合計 125,000
　賞　　与　　　 15,000 ┘
　　　　　　・
　　　　　　・
　　　　　　・

損益計算書　＜当事業年度＞
　　　　　　自　×1年4月 1日
　　　　　　至　×2年3月31日
　　　　　　・
　　　　　　・
　　　　　　・
【販売費及び一般管理費】
　役員報酬　　　　6,000
　給与手当　　　115,000 ┐合計 130,000
　賞　　与　　　 15,000 ┘
　　　　　　・
　　　　　　・
　　　　　　・

　適用年度である当事業年度の雇用者給与等支給額と前期の雇用者給与等支給額である比較雇用者給与等支給額の算定については、**〈ケース1〉**のようにP/Lから数字をピックアップして計算すると、当事業年度の雇用者給与等支給額は 130,000 千円（給与手当 115,000 千円＋賞与 15,000 千円）、比較雇用者給与等支給額は 125,000 千円（給与手当 110,000 千円＋賞与 15,000 千円）となります。そして、これらを反映した雇用者給与等支給増加割合は**【図表 2-14】**のようになります。

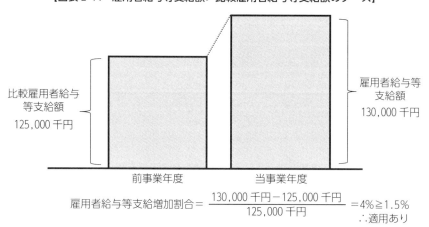

【図表 2-14　雇用者給与等支給額＞比較雇用者給与等支給額のケース】

比較雇用者給与
等支給額
125,000 千円

雇用者給与等
支給額
130,000 千円

前事業年度　　当事業年度

$$\text{雇用者給与等支給増加割合} = \frac{130,000\text{千円} - 125,000\text{千円}}{125,000\text{千円}} = 4\% \geq 1.5\%$$
∴適用あり

34

〈ケース2〉では、【図表2-14】のとおり、雇用者給与等支給増加割合が4%となり、当事業年度の雇用者給与等支給額が前事業年度と比べて1.5％以上増加しているため、中小企業向け賃上げ促進税制を適用することができます。またさらに、雇用者給与等支給増加割合が2.5％以上であるため、〈ケース2〉では割増要件もクリアしています。

〈ケース3〉

そしていよいよ中小企業向け賃上げ促進税制の適用要件の判定に当たり、補填額があるケースについて確認します。給与等に充てるため他の者から支払を受ける金額の中でもこれが雇用調整助成金などの雇用安定助成金額等であるケースを〈ケース3〉とし、同じく給与等に充てるため他の者から支払を受ける金額であってもこれが雇用安定助成金額等以外のものであるケースを〈ケース4〉として、その違いを確認することにします。

それでは、まずは給与等に充てるため他の者から支払を受ける金額が雇用安定助成金額のケースについてですが、実務上ではこれらの交付を受けたとき給与手当などのマイナスとして処理されることはなく、雑収入などに計上されることが多いといえます。これに従い処理した場合のP/Lが【図表2-15】です。

【図表2-15 前期比較損益計算書（ケース3）】

(単位：千円)

損益計算書　＜前事業年度＞	損益計算書　＜当事業年度＞
自　×0年4月　1日	自　×1年4月　1日
至　×1年3月31日	至　×2年3月31日
：	：
【販売費及び一般管理費】	【販売費及び一般管理費】
役員報酬　　　　6,000	役員報酬　　　　6,000
給与手当　　　135,000 ⎫合計 150,000	給与手当　　　135,000 ⎫合計 150,000
賞　　与　　　　15,000 ⎭	賞　　与　　　　15,000 ⎭
：	：
【営業外収益】	【営業外収益】
雑収入　　　　5,000	雑収入　　　　2,000
：	：

ここでは雑収入の全額が雇用安定助成金額であったものとします。そして、これらは ①3 用語の意義 (1) の括弧書きにあるように雇用者給与等支給額及び比較雇用者給与等支給額から控除する必要はありません。これに従い雇用者給与等増加割合を計算してみると、【図表 2-16】のとおりとなります。

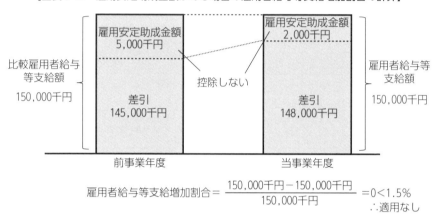

【図表 2-16　雇用安定助成金額がある場合の雇用者給与等支給増加割合の計算】

　【図表 2-16】のとおり、給与等に充てるため他の者から支払を受ける金額が雇用安定助成金額である場合には、雇用者給与等支給額及び比較雇用者給与等支給額からこれらを控除せずに中小企業向け賃上げ促進税制の適用要件を判定します。
　よって〈ケース 3〉では、もともと雇用者給与等支給額及び比較雇用者給与等支給額が同額（どちらも給与手当 135,000 千円＋賞与 15,000 千円＝ 150,000 千円）であり、また、それぞれの事業年度に受給した雇用安定助成金額がこれらの計算に影響を与えないため、雇用者給与等支給増加割合はゼロとなります。そうすると、雇用者給与等支給増加割合は 1.5％未満となって中小企業向け賃上げ促進税制の適用は受けられないという結果になります。

〈ケース4〉

　最後に、中小企業向け賃上げ促進税制の適用要件の判定において、給与等に充てるため他の者から支払を受ける金額が補填額であったケースについて確認します。〈ケース3〉では、給与等に充てるため他の者から支払を受ける金額が雇用安定助成金額であったため、中小企業向け賃上げ促進税制の適用要件の判定の段階では、これらの金額は雇用者給与等支給額及び比較雇用者給与等支給額から控除せずに判定しています。

　一方、〈ケース4〉では、補填額として、例えば、キャリアアップ助成金や他の法人からの出向負担金などの雇用安定助成金額以外のものであったケースについてみていきます。

　まず、P/Lを確認しておくと【図表2-17】のとおりとなります。〈ケース4〉では、補填額を他の法人から受け取る出向負担金ということにして、これらは給与手当から直接マイナスすることなく「出向負担受入金」という勘定科目で別建て表示しています。

【図表2-17　前期比較損益計算書（ケース4）】

(単位：千円)

損益計算書　＜前事業年度＞
　　自　×0年4月　1日
　　至　×1年3月31日
　　　・
　　　・
　　　・
【販売費及び一般管理費】
　役　員　報　酬　　　6,000
　給　与　手　当　135,000 ┐合計 150,000
　賞　　　　　与　 15,000 ┘
　出向負担受入金　△5,000
　　　　・
　　　　・
　　　　・

損益計算書　＜当事業年度＞
　　自　×1年4月　1日
　　至　×2年3月31日
　　　・
　　　・
　　　・
【販売費及び一般管理費】
　役　員　報　酬　　　6,000
　給　与　手　当　135,000 ┐合計 150,000
　賞　　　　　与　 15,000 ┘
　出向負担受入金　△2,000
　　　　・
　　　　・
　　　　・

　【図表2-17】のとおり、前事業年度と当事業年度の給与手当や賞与の金額は、〈ケース3〉と同額にしておくとして、〈ケース4〉で受け取る補填額は雇用安定助成金額には該当しないため、【図表2-18】のとおり、雇用者給与等支給額及び比較雇用者給与等支給額は、1　3 用語の意義 (1)にあるように、これらを控除して雇用者給与等支給増加割合を計算します。

【図表 2-18　雇用安定助成金額以外のものがある場合の雇用者給与等支給増加割合の計算】

【図表 2-18】のとおり、給与等に充てるため他の者から支払を受ける金額が雇用安定助成金額ではなく補填額であった場合には、雇用者給与等支給増加割合を計算する上では、これらを控除した雇用者給与等支給額及び比較雇用者給与等支給額を使って計算することになります。それぞれ適用年度である当事業年度の雇用者給与等支給額は 148,000 千円（＝給与手当 135,000 千円＋賞与 15,000 千円－出向負担受入金 2,000 千円）、比較雇用者給与等支給額は 145,000 千円（＝給与手当 135,000 千円＋賞与 15,000 千円－出向負担受入金 5,000 千円）となります。そして、これらを使って雇用者給与等支給増加割合を計算すると 1.5％以上となり、〈ケース 3〉とは異なり、中小企業向け賃上げ促進税制の適用要件の判定結果は適用ありということになります。

このように、給与等に充てるため他の者から支払を受ける金額が雇用安定助成金額に該当するものなのか、補填額に該当するものなのかによって、雇用者給与等支給増加割合が異なり、中小企業向け賃上げ促進税制の適用の判定にも影響を及ぼします。特に雇用安定助成金額を雇用者給与等支給額及び比較雇用者給与等支給額から控除すべきものとして取り扱ってしまうと、適用の可否を誤ってしまうことにも繋がります。そのため、特に雇用に関する補助金等の交付を受けた場合には、これが雇用保険法 62 条 1 項 1 号に掲げる事業として支給が行われる雇用安定助成金額に該当するものなのかどうか、支給決定通知書や交付要綱などを十分に確認する必要があります。

3 控除対象雇用者給与等支給増加額の判定

　賃上げ促進税制による税額控除額は、控除対象雇用者給与等支給増加額に一定の税額控除割合を乗じた金額によって算定しますが、この控除対象雇用者給与等支給増加額は、①3 用語の意義 (6) の但書にもあるように、調整雇用者給与等支給増加額が上限となります。

1 控除対象雇用者給与等支給増加額の上限

　それではここで、中小企業向け賃上げ促進税制における税額控除額を計算する上でその基本となる重要な算式を改めて確認しておきます。

> 中小企業者等税額控除限度額＝控除対象雇用者給与等支給増加額×税額控除割合　(再掲)

　このように、中小企業者等税額控除限度額を算定する上では、控除対象雇用者給与等支給増加額が計算要素の1つとなっており、これを使って計算された中小企業者等税額控除限度額は、その事業年度の法人税額の20％相当額を控除上限額として、その事業年度の法人税額から控除することができます。
　ここで、この控除対象雇用者給与等支給増加額についてですが、その計算方法は、**(1)** 適用年度の雇用者給与等支給額から前事業年度の比較雇用者給与等支給額を控除した雇用者給与等支給額と、**(2)** 調整雇用者給与等支給増加額とのいずれか小さい金額となります。

(1) 雇用者給与等支給増加額（再掲）

> 雇用者給与等支給増加額＝雇用者給与等支給額 － 比較雇用者給与等支給額
> 　　　　　　　　　　　　（当事業年度）　　　（前事業年度）

　各事業年度において補填額がある場合には、それぞれ雇用者給与等支給額や比較雇用者給与等支給額からこれらの金額を控除することになりますが、同じ給与等に

充てるため他の者から支払を受ける金額であってもこれが雇用安定助成金額等である場合には、その雇用安定助成金額等は控除しません。

しかし、ここで注意すべきなのは、控除対象雇用者給与等支給増加額の計算に関しては、2 適用要件の判定の際に使った雇用者給与等支給増加割合の計算の場合とは異なり、雇用安定助成金額を加味しなければならない場面があります。それが、次の算式により計算される調整雇用者給与等支給増加額ということになります。

(2) 調整雇用者給与等支給増加額

調整雇用者給与等支給増加額 ＝ (雇用安定助成金額控除後の)雇用者給与等支給額(当事業年度) － (雇用安定助成金額控除後の)比較雇用者給与等支給額(前事業年度)

中小企業者等税額控除限度額の算式に登場する控除対象雇用者給与等支給増加額は、ここまでのとおり、**(1)** により計算した雇用者給与等支給増加額と **(2)** により計算した調整雇用者給与等支給増加額とを比較し、いずれか小さい金額となります。具体的な判定方法については、**2** で事例を使いながら確認していきます。

2 控除対象雇用者給与等支給増加額の判定の計算例

中小企業向け賃上げ促進税制による税額控除額の計算要素となる控除対象雇用者給与等支給増加額は、雇用者給与等支給増加額と一致することが実務上多いかもしれませんが、適用要件の判定で使う雇用者給与等支給額や比較雇用者給与等支給額をそのまま控除対象雇用者給与等支給増加額の計算に使って中小企業者等税額控除限度額（以下、**2** においてはこれを「税額控除額」といいます）の算定を終わらせるわけにはいかないケースがあります。つまり、控除対象雇用者給与等支給増加額は調整雇用者給与等支給増加額が上限となるため、雇用安定助成金額等を受給している場合には、これをしっかりと意識しておく必要があります。

そこで、ここでは、適用要件の判定とともに税額控除額の算定までを合わせて確認していくことにしますが、いずれのケースも税額控除額はその事業年度の法人税額の20％相当額を超えていないものとします。また、2 のケースとは異なり 3

ではP/LやC/Rは省略することとし、各事業年度のこれらの計算書に計上されている給与手当や賃金、賞与などの給与等の合計は、ひとまず給与等に充てるため他の者から支払を受ける金額を控除する前の雇用者給与等支給額及び比較雇用者給与等支給額の金額と一致することとします。

〈ケース1〉

まずは、【図表2-19】のとおり、実務上ではよくある事例となる、給与等に充てるため他の者から支払を受ける金額がないケースからみていきます。賃上げ促進税制の中でも中小企業向け賃上げ促進税制については、給与等に充てるため他の者から支払を受ける金額がなければ、それほど複雑になることはありません。

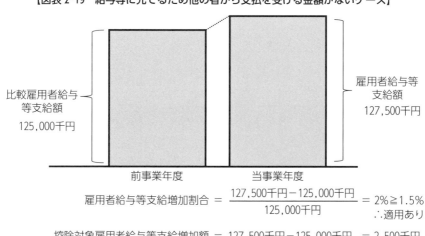

【図表2-19 給与等に充てるため他の者から支払を受ける金額がないケース】

給与等に充てるため他の者から支払を受ける金額がないケースでは、単純に当事業年度や前事業年度の給与等の金額を集計します。そして、これらを雇用者給与等支給額及び比較雇用者給与等支給額の金額として、適用要件の判定だけではなく、税額控除額を計算するための控除対象雇用者給与等支給増加額の計算にもそのまま使っていきます。

〈ケース1〉では、【図表2-19】のように単純にP/LやC/Rに計上された給与等の金額を集計した金額をもって、適用年度の雇用者給与等支給額127,500千円及び比較雇用者給与等支給額125,000千円を雇用者給与等支給増加割合の計算に使い、適用要件である1.5%をクリアしていることが確認できます。また、同じ数字をそのまま使って控除対象雇用者給与等支給増加額を算定すれば、スムーズに税額控除額まで計算することができます。

〈ケース2〉

次に、〈ケース2〉では、給与等に充てるため他の者から支払を受ける金額のうち補填額がある場合について確認します。〈ケース1〉とは異なり、各事業年度のP/LやC/Rに計上されている給与手当や賃金、賞与などの給与等の合計を、雇用者給与等支給額及び比較雇用者給与等支給額としてそのまま使うことはできません。

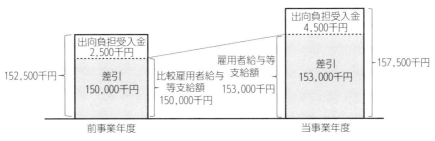

【図表2-20 補填額があるケース】

【図表2-20】のように、〈ケース2〉は、補填額として、出向負担受入金を受けたケースになります。出向負担受入金は、給与等に充てるため他の者から支払を受ける金額の中でも補填額に該当するため、②〈ケース4〉で確認したとおり、雇用者給与等支給増加割合を計算する上では雇用者給与等支給額及び比較雇用者給与等支給額のそれぞれの金額からこれらを控除しなければなりません。

また、控除対象雇用者給与等支給増加額を計算する際にも、雇用者給与等支給額

及び比較雇用者給与等支給額が計算要素となりますが、この場合にも給与等の金額から出向負担受入金を控除した雇用者給与等支給額153,000千円（＝157,500千円－出向負担受入金4,500千円）及び比較雇用者給与等支給額150,000千円（152,500千円－出向負担受入金2,500千円）の金額を使います。なお、給与等に充てるため他の者から支払を受ける金額が雇用安定助成金額等でない以上は、調整雇用者給与等支給増加額を意識する必要はありません。

　具体的に確認しておくと、雇用者給与等支給増加割合は、2%（＝（出向負担受入金差引後の雇用者給与等支給額153,000千円－出向負担受入金差引後の比較雇用者給与等支給額150,000千円）÷150,000千円）となり、適用要件の1.5%以上をクリアして中小企業向け賃上げ促進税制の適用ありとなりますが、割増要件の2.5%以上をクリアできず＜通常要件＞のみの適用となります。また、控除対象雇用者給与等支給増加額は、3,000千円（＝出向負担受入金差引後の雇用者給与等支給額153,000千円－出向負担受入金差引後の比較雇用者給与等支給額150,000千円）となり、税額控除額は450千円（＝3,000千円×15%）となります。

　このように、給与等に充てるため他の者から支払を受ける金額が補填額であれば、中小企業向け賃上げ促進税制の適用要件を判定するための雇用者給与等支給増加割合や、税額控除額を算定するための控除対象雇用者給与等支給増加額の計算要素となる雇用者給与等支給額及び比較雇用者給与等支給額については、どちらも補填額を控除しなければなりません。但し、雇用者給与等支給増加割合も控除対象雇用者給与等支給増加額もこれらを計算する上では、【図表2-20】にもあるように、その計算要素である雇用者給与等支給額及び比較雇用者給与等支給額については、どちらも同じ金額のものを使って計算していきます。

〈ケース3〉

　〈ケース3〉以降は、給与等に充てるため他の者から支払を受ける金額が雇用安定助成金額である場合について確認していきます。同じ給与等に充てるため他の者から支払を受ける金額であっても、これが雇用安定助成金額なのか補填額なのかによって、雇用者給与等支給増加割合の計算だけではなく、控除対象雇用者給与等支給増加額の計算方法も異なるため、〈ケース2〉と比較しながら確認しておく必要があります。

ここで改めて控除対象雇用者給与等支給増加額の計算方法について触れておくと、給与等に充てるため他の者から支払を受ける金額が雇用安定助成金額であるケースでは、①各事業年度の雇用安定助成金額を雇用者給与等支給額及び比較雇用者給与等支給額から控除しないで計算した雇用者給与等支給増加額と、②各事業年度の雇用安定助成金額を雇用者給与等支給額及び比較雇用者給与等支給額から控除して計算した控除対象雇用者給与等支給増加額である調整雇用者給与等支給増加額とを比較していずれか小さい金額が、税額控除額の計算要素となる控除対象雇用者給与等支給増加額になります。

　まず、〈ケース3〉では、【図表2-21】のように、①＜②のケースについて確認します。

【図表2-21　調整雇用者給与等支給増加額が大きいケース（①＜②のケース）】

雇用者給与等支給増加割合＝$\dfrac{155,500千円－152,500千円}{152,500千円}$＝1.967…％≧1.5％

∴適用あり

控除対象雇用者給与等支給増加額　①　155,500千円－152,500千円＝3,000千円
　　　　　　　　　　　　　　　　②　153,000千円－149,000千円＝4,000千円
　　　　　　　　　　　　　　　　①＜②より、控除対象雇用者給与等支給増加額は、①となる。

税額控除額＝3,000千円×15％＝450千円

　給与等に充てるため他の者から支払を受ける金額のうち雇用安定助成金額の交付を受けた場合には、税額控除額の計算までは雇用安定助成金額の取扱いに注意しながら進めていく必要があります。

　まず、適用要件の判定のための雇用者給与等支給増加割合の計算では、【図表

2-21】のように、その計算要素となる雇用者給与等支給額及び比較雇用者給与等支給額から雇用安定助成金額は控除しません。ちなみに、このケースに限っていえばこれらを控除してもしなくても雇用者給与等支給増加割合は1.5％以上になるため、中小企業向け賃上げ促進税制の適用はありとなり、結論は変わりません。しかし、もしこの雇用安定助成金額を雇用安定助成金額以外のものと誤って判断してしまい、これらを雇用者給与等支給額及び比較雇用者給与等支給額から控除してしまった場合には、それぞれの金額が153,000千円（＝155,500千円－2,500千円）と149,000千円（＝152,500千円－3,500千円）となり、これらを使って雇用者給与等支給増加割合を計算すると、その割合は2.684……％（＝（153,000千円－149,000千円）÷149,000千円）≧2.5％となり、割増要件もクリアしてしまうことになるため、注意が必要です。

そして、次に控除対象雇用者給与等支給増加額の計算についてですが、給与等に充てるため他の者から支払を受ける金額が雇用安定助成金額である場合には、調整雇用者給与等支給増加額も計算しておく必要があります。

【図表2-21】にもあるように、控除対象雇用者給与等支給増加額として、まずは①雇用者給与等支給額155,500千円から当事業年度に受給した雇用安定助成金額を控除せず、また比較雇用者給与等支給額152,500千円からも前事業年度に受給した雇用安定助成金額を控除しないで雇用者給与等支給増加額3,000千円（＝雇用者給与等支給額155,500千円－比較雇用者給与等支給額152,500千円）を計算します。しかしここで終わることなく、引き続き②雇用者給与等支給額155,500千円から当事業年度に受給した雇用安定助成金額2,500千円を控除した153,000千円と、比較雇用者給与等支給額152,500千円から前事業年度に受給した雇用安定助成金額3,500千円を控除した149,000千円とを使って調整雇用者給与等支給増加額4,000千円（＝雇用者給与等支給額差引153,000千円－比較雇用者給与等支給額差引149,000千円）を計算します。そして、①と②を比較していずれか小さい金額が税額控除額を算定するための控除対象雇用者給与等支給増加額となるため、〈ケース3〉では、①＜②となって①が控除対象雇用者給与等支給増加額ということになります。

〈ケース4〉

今度は、調整雇用者給与等支給増加額が税額控除額を算定するための控除対象雇

用者給与等支給増加額となるケースについてみていきます。つまり、〈ケース3〉の判定では①＜②でしたが、〈ケース4〉ではその逆の①＞②のパターンになります。計算の手順は〈ケース3〉と同じになりますが、念のため、【図表2-22】を使って税額控除額の算定までの流れを確認しておきます。

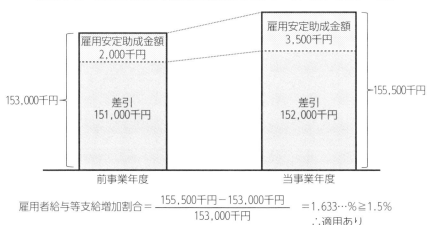

【図表2-22　調整雇用者給与等支給増加額が小さいケース（①＞②のケース）】

〈ケース3〉と同じように、まず、中小企業向け賃上げ促進税制の適用要件の判定のための雇用者給与等支給増加割合を計算する上で、その計算要素となる雇用者給与等支給額及び比較雇用者給与等支給額からは雇用安定助成金額を控除しません。そうすると、適用年度である当事業年度の雇用者給与等支給額は雇用安定助成金額を控除しない155,500千円となり、比較雇用者給与等支給額は153,000千円となります。そしてこれらの金額を使って雇用者給与等支給増加割合を計算すると、【図表2-22】のとおり1.5％以上となり、中小企業向け賃上げ促進税制は適用あり、と判定できます。

次に、税額控除額を計算することになりますが、給与等に充てるため他の者から支払を受ける金額がある場合で、これが雇用安定助成金額に該当するものである場

合には、〈ケース3〉と同じように、まずは、①雇用者給与等支給額及び比較雇用者給与等支給額から雇用安定助成金額を控除しないで計算した場合の雇用者給与等支給増加額を算定し、続けて②雇用者給与等支給額及び比較雇用者給与等支給額から各事業年度において受給した雇用安定助成金額を控除した調整雇用者給与等支給増加額を計算して、これらのうちいずれか小さい金額を税額控除額の計算要素となる控除対象雇用者給与等支給増加額とします。【図表2-22】のように、①は雇用者給与等支給額増加割合の計算で使ったものと同じく雇用安定助成金額を控除しない雇用者給与等支給額及び比較雇用者給与等支給額を使い、その金額は2,500千円（＝雇用者給与等支給額155,500千円－比較雇用者給与等支給額153,000千円）となります。また、②で計算する調整雇用者給与等支給増加額は、これらの雇用者給与等支給額及び比較雇用者給与等支給額からそれぞれその事業年度に受給した雇用安定助成金額を控除して計算した金額ということになるため、その金額は1,000千円（＝152,000千円（＝雇用者給与等支給額155,500千円－当事業年度の雇用安定助成金額3,500千円）－151,000千円（比較雇用者給与等支給額153,000千円－前事業年度の雇用安定助成金額2,000千円））となり、①＞②であることから、②の1,000千円が税額控除額を計算するための控除対象雇用者給与等支給増加額になります。よって、控除対象雇用者給与等支給増加額である1,000千円に税額控除割合15％を乗じて、税額控除額は150千円となります。

　このように、給与等に充てるため他の者から支払を受ける金額の中でもこれが雇用安定助成金額に該当する場合には、各事業年度で受給した雇用安定助成金額を雇用者給与等支給額及び比較雇用者給与等支給額から控除しないで計算した雇用者給与等支給増加額と、雇用安定助成金額を控除した調整雇用者給与等支給増加額を比較していずれか小さい金額を税額控除額の計算に使う控除対象雇用者給与等支給増加額として選択する必要があり、〈ケース3〉と〈ケース4〉を使って確認したとおり、必ずしも雇用者給与等支給増加額が調整雇用者給与等支給増加額を上回ることあるいは下回ることはないということが分かります。

〈ケース5〉
　最後に、雇用安定助成金額を受給している場合で、①雇用者給与等支給額及び比較雇用者給与等支給額から雇用安定助成金額を控除せずに計算した雇用者給与等支

給増加額と、②調整雇用者給与等支給増加額を比較して、①＞②となった場合でも中小企業向け賃上げ促進税制が適用できないケースについて確認します。適用要件の判定をクリアしたということだけで適用可と判断し、申告を進めていくうちに実は適用できなかったということに気付いてしまうケースです。実務ではこうしたケースは特段レアケースではありません。【図表2-23】を使って確認しておきます。

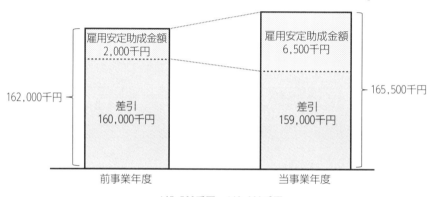

【図表2-23　要件をクリアしても税額控除が受けられないケース】

雇用者給与等支給増加割合＝ $\dfrac{165,500千円－162,000千円}{162,000千円}$ ＝2.160…％≧1.5％
∴適用あり

控除対象雇用者給与等支給増加額　① 165,500千円－162,000千円＝3,500千円
② 159,000千円－160,000千円＝△1,000千円
①＞②より、控除対象雇用者給与等支給増加額は、②となる。
但し、②はマイナスのため、税額控除額はなし。
→　税額控除の適用なし

　雇用安定助成金額は、中小企業向け賃上げ促進税制の適用要件の判定の段階では加味しないため、【図表2-23】にあるように、雇用者給与等支給増加割合は1.5％以上となり、まずは適用ありと判定できます。

　続いて、税額控除額の計算へと移っていくわけですが、給与等に充てるため他の者から支払を受ける金額のうちこれが雇用安定助成金額である場合には、まずは①のとおり、雇用者給与等支給額及び比較雇用者給与等支給額から雇用安定助成金額を控除せずに雇用者給与等支給増加額を計算します。しかし、これだけではなく〈ケース3〉や〈ケース4〉でも確認したように、②雇用者給与等支給額及び比較雇用者給与等支給額から雇用安定助成金額を控除して調整雇用者給与等支給増加額を

計算し、①と比較することになります。

　こうして①と②を計算した結果、①＞②となり、税額控除額を計算する上では、いずれか小さい金額を選択することになりますが、②の金額はマイナスとなってしまっているため、結果、中小企業向け賃上げ促進税制の適用は受けられません。

　このように、前事業年度に比べ適用年度である当事業年度に雇用安定助成金額を多く受給している場合には、特に注意が必要です。

雇用者給与等支給増加割合による上乗せ措置（割増要件）

中小企業向け賃上げ促進税制に限らず、賃上げ促進税制には税額控除割合の上乗せ措置がいくつか講じられています。その中でも、中小企業向け賃上げ促進税制では、次のとおり、適用要件を判定する上で算定する雇用者給与等支給増加割合による割増要件が設けられています。

$$\text{雇用者給与等支給増加割合} = \frac{\text{雇用者給与等支給額} - \text{比較雇用者給与等支給額}}{\text{比較雇用者給与等支給額}} \geq 2.5\% \Rightarrow \text{税額控除割合15\%上乗せ}$$

つまり、中小企業向け賃上げ促進税制では、雇用者給与等支給増加割合が1.5%以上になれば、通常要件として控除対象雇用者給与等支給増加額の15％相当の税額控除を適用することができますが、さらにその雇用者給与等支給増加割合が2.5％以上になれば、税額控除割合はさらに15％上乗せされ、税額控除割合は通常要件の15％にさらに15％を加算した合計30％相当の税額控除が受けられます。但し、控除上限額として、その事業年度の調整前法人税額の20％相当額を超えて税額控除を受けることはできません。

なお、中小企業向け賃上げ促進税制では、[1] 1 (2) 税額控除割合で確認したとおり、税額控除割合については、雇用者給与等支給増加割合による＜割増要件＞のほか、教育訓練費を増やす企業への上乗せ措置や、子育てとの両立支援・女性活躍支援に積極的な企業への上乗せ措置も設けられています。これらの「上乗せ要件①」と「上乗せ要件②」の詳細や適用要件については、第5章で確認することにしますが、これらの上乗せ措置は重複して適用することができ、全ての上乗せ措置の適用が可能な場合には、税額控除割合は最大で45％となります。

5 繰越税額控除制度について

　賃上げ促進税制の中でも中小企業向け賃上げ促進税制に限っては、繰越税額控除制度が設けられているのが特徴です。そこで、令和6年度税制改正によって新たに創設された中小企業向け賃上げ促進税制における繰越税額控除制度について、ここで確認しておきます。

1　繰越税額控除制度の意義

　そもそも繰越税額控除制度とは、適用年度である当事業年度において、税額控除額がその事業年度の調整前法人税額の20％相当額を超えるため、その税額控除限度額の全部を控除しきれなかった場合に、その控除しきれなかった金額について、翌事業年度以降に繰り越すことができる制度をいいます。

　繰越税額控除制度の規定がある中小企業者等に限定した租税特別措置法上の代表的な税額控除制度としては、中小企業投資促進税制（措法42の6）や中小企業経営強化税制（措法42の12の4）が挙げられますが、中小企業向け賃上げ促進税制についても令和6年度税制改正によってその仲間入りをしました。こうして中小企業に対して賃上げ促進税制をより使い勝手の良いものにするために創設された中小企業向け賃上げ促進税制における繰越税額控除制度につき、その具体的な取扱いについて次の2で確認します。

2　中小企業向け賃上げ促進税制における繰越税額控除制度

　中小企業向け賃上げ促進税制では、この繰越しができる期間が5年間となっています。つまり、適用年度である当事業年度の終了の日以後5年以内に終了する各事業年度において、適用年度において控除しきれなかった金額の繰越し（これを「繰越税額控除限度超過額」といいます）がある場合で、その適用年度以後の各事業年

度の雇用者給与等支給額が比較雇用者給与等支給額を超えるときは、その額のうち一定の金額をその適用年度以後の各事業年度（適用年度から繰越税額控除制度の適用を受ける事業年度まで連続して青色申告書を提出している場合に限ります）の法人税額から控除することができます（措法42の12の5④、⑤十二）。

繰越税額控除制度の適用には明細書の添付が要件

　適用年度において繰越税額控除限度超過額が生じた場合において、これを適用年度以後の各事業年度に繰り越すためには、継続して「給与等支給額、比較教育訓練費の額及び翌期繰越税額控除限度超過額の計算に関する明細書」（別表6（24）付表1）を添付する必要があります（措法42の12の5⑧）。

　なお、適用年度以後の各事業年度のうちその事業年度が欠損事業年度となったことで、その事業年度前から繰り越されてきた繰越税額控除限度超過額をその事業年度において消化できない場合であっても、これをその欠損事業年度以後の事業年度に繰り越すときは、その欠損事業年度においても当該別表を添付して申告しておかなければなりません。

　中小企業向け賃上げ促進税制に繰越税額控除制度が創設されたことで、中小企業にとっては賃上げ促進税制の恩恵を無駄なく受けられるようになりましたが、こうした中小企業向け賃上げ促進税制の繰越税額控除制度について、次のとおり事例を使いながらイメージしていきます。

〈ケース1〉

　ケース1は、【図表2-24】のとおり、×1年度において、控除対象雇用者給与等支給増加額に税額控除割合を乗じて算定した中小企業者等税額控除限度額が、その事業年度の法人税額の20％相当額の控除上限額を上回ったことで繰越税額控除限度超過額が生じたケースになります。そして、×2年度は×1年度とは逆に、中小企業者等税額控除限度額が控除上限額を下回ったことで、×1年度の未控除分を×2年度の中小企業者等税額控除限度額に加算しても控除上限額を超えることがないため、×1年度の繰越税額控除限度超過額を全て使い切ることができるケースになります。

【図表 2-24 繰越税額控除限度超過額の繰越し】

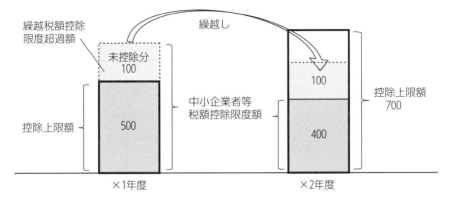

【図表 2-24】のとおり、×1年度の中小企業者等税額控除限度額は 600(= 500 + 100)ですが、控除上限額は 500 のため、差額 100 は×1年度の法人税額から控除できません。この 100 が×1年度の未控除分として繰越税額控除限度超過額ということになり、×2年度以降の各事業年度へと繰り越すことができます。

そして、×2年度においても雇用者給与等支給増加割合が 1.5％以上となったことで中小企業向け賃上げ促進税制の適用を受けることができ、計算の結果、×2年度の中小企業者等税額控除限度額は 400 となりました。また、×2年度の控除上限額は 700 となり、×1年度から繰り越されてきた繰越税額控除限度超過額 100 を足しても 500 となって控除上限額を超えることはありません。よって、×2年度ではその事業年度の税額控除額 400 に繰越税額控除限度超過額 100 を加えた 500 を税額控除額として適用することができます。

〈ケース2〉

〈ケース2〉は、単純に〈ケース1〉よりも繰り越す年度が伸びるケースということになります。重要なのは、中小企業向け賃上げ促進税制の適用を受けられない事業年度でも、「給与等支給額、比較教育訓練費の額及び翌期繰越税額控除限度超過額の計算に関する明細書」(別表6(24)付表1)を継続して申告書に添付し続けることです。

【図表 2-25】のように中小企業向け賃上げ促進税制の適用を受けられない事業年度がある場合には、まだ使い切っていない繰越税額控除限度超過額を繰り越すため

の手続きを失念しがちになるため、注意が必要です。

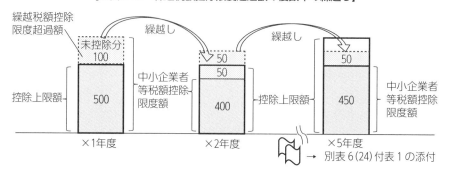

【図表 2-25　繰越税額控除限度超過額の複数年の繰越し】

【図表 2-25】をみてみると、〈ケース1〉と同じように、×1年度において 100 の繰越税額控除限度超過額が生じています。そして、×2年度以降にこれを繰り越していくことになりますが、×2年度の中小企業者等税額控除限度額 400 と×1年度から繰り越されてきた繰越税額控除限度超過額 100 の合計 500 が×2年度の控除上限額 450 を超えてしまうため、×2年度に使える繰越税額控除限度超過額の枠は 50 だけとなってしまい、50（100 − 50）はさらに×3年度以降に繰り越されていきます。

そして、×3年度と×4年度は欠損事業年度だったとすると、法人税が発生せずに賃上げ促進税制の適用を受けることができません。前述のとおり、〈ケース2〉では繰り越して使える繰越税額控除限度超過額 50 が残っている以上、これを無駄にしないためにも×3年度も×4年度も忘れずに別表6（24）付表1を使って繰越税額控除限度超過額を繰り越しておきます。

×3年度と×4年度に繰越税額控除限度超過額をしっかりと繰り越したおかげで、×5年度にこれを使えるチャンスがやってきました。【図表 2-25】のように、×5年度の中小企業者等税額控除限度額は 450 ですが、これに繰越税額控除限度超過額の 50 を加えても控除上限額を超えないため、×1年度に生じた繰越税額控除限度超過額はここで全て使い切れたことになります。

〈ケース3〉
　×1年度に繰越税額控除限度超過額が生じたのはこれまでと同じですが、今度は×1年度以降の事業年度において中小企業向け賃上げ促進税制の適用を受けることができない場合でも繰越税額控除限度超過額をその事業年度の法人税額から控除できるケースについて【図表2-26】を使ってみていきます。実務では、毎期1.5％以上の雇用者給与等支給増加割合を実現し続けられることの方がむしろ珍しいため、こうしたケースはそれほどレアケースというわけではありません。そのため、繰越税額控除限度超過額は別表を使ってしっかりと翌事業年度以降に繰り越しておくべきだといえます。

【図表2-26　賃上げ促進税制を適用しない年度の繰越税額控除限度超過額の振り当て】

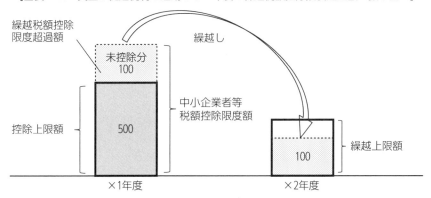

　【図表2-26】では、繰越税額控除限度超過額が生じた翌事業年度において、従来までの中小企業向け賃上げ促進税制を適用することなく令和6年度税制改正によって創設された繰越税額控除限度超過額による税額控除の適用を受けています。但し、中小企業向け賃上げ促進税制の繰越税額控除制度は、中小企業投資促進税制や中小企業経営強化税制のように繰越税額控除限度超過額が生じた翌事業年度（以降）に法人税の納税が生じれば必ず繰越税額控除限度超過額を法人税額から控除できるわけではありません。
　つまり、中小企業向け賃上げ促進税制の繰越税額控除制度では、繰越税額控除限度超過額による税額控除の適用を受けるためには要件があります。具体的には、適用を受けようとする事業年度において雇用者給与等支給額が比較雇用者給与等支給

額を超えていることが必要です。但し、ここでは1.5%以上といった増加割合による制約はなく、単に雇用者給与等支給額が比較雇用者給与等支給額を超えてさえいれば要件はクリアとなります。

〈ケース3〉は、×2年度の雇用者給与等支給増加割合が1.5%に満たなかったにもかかわらず雇用者給与等支給額が比較雇用者給与等支給額を上回ったことで、控除上限額の範囲内で×1年度に生じた繰越税額控除限度超過額を使って税額控除の適用を受けることができるケースとなります。

〈ケース4〉

最後に、中小企業向け賃上げ促進税制の適用に当たり繰越税額控除限度超過額が生じた場合、5年間の繰越期間の中でその繰越税額控除限度超過額をどのような順序で控除していくかということについて確認しておきます。

イメージとしては、繰越税額控除限度超過額がありながらもその事業年度に中小企業向け賃上げ促進税制を適用できる場合で、その中小企業者等税額控除限度額が控除限度額に及ばなかったときは、まずはその事業年度分の中小企業者等税額控除限度額が税額控除額を構成し、さらにその控除上限額に満たなかった部分を繰越税額控除限度超過額で埋めていくという形になります。このとき、その事業年度の控除上限額に達するまで投入される繰越税額控除限度超過額は最も古いものから順に振り当てていくことになります。

【図表2-27 繰越税額控除限度超過額の振り当ての順序】

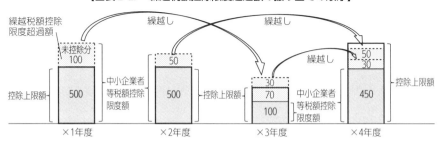

【図表2-27】では、×1年度と×2年度どちらも中小企業者等税額控除限度額が控除上限額を超えたため、その超えた部分のそれぞれ100と50が繰越税額控除限

度超過額として認識されます。そして、×3年度は逆に中小企業者等税額控除限度額が控除上限額以下となったため、前事業年度以前から繰り越されてきた繰越税額控除限度超過額を控除上限額に達するまで振り当てていきます。×3年度の中小企業者等税額控除限度額は100で、控除上限額は170となるため、70の繰越税額控除限度超過額をこの事業年度に振り当てることになりますが、このときの70の内訳は、×1年度の繰越税額控除限度超過額100のうちの70ということになり、残り30は×4年度以降に繰り越されていきます。なお当然ですが、×2年度の繰越税額控除限度超過額50も×4年度以降に繰り越されます。

そして、×4年度も×3年度と同じように、中小企業者等税額控除限度額が控除上限額に満たなかったため、繰り越されてきた繰越税額控除限度超過額を控除上限額に達するまで振り当てることができます。×4年度では、×3年度で使い切れなかった×1年度の繰越税額控除限度超過額30と×2年度に生じた繰越税額控除限度超過額50を税額控除額として追加しても控除上限額には至らないため、この×4年度で全ての繰越税額控除限度超過額を使い切ることになります。

このように、過年度から繰り越されてきた繰越税額控除限度超過額は、その事業年度の中小企業者等税額控除限度額が控除上限額に満たなかったときにはじめて活用することができ、そしてその繰越税額控除限度超過額は、順次古いものから振り当てられていくことになります。

賃上げ促進税制における繰越税額控除制度は、中小企業者等にのみ認められているものであり、5年間という長い期間繰り越せるというのが特徴です。これによって、中小企業ではこれまで以上に賃上げ促進税制が活用しやすくなり、適用要件の判定においても全企業向け賃上げ促進税制や中堅企業向け賃上げ促進税制よりも簡易であるため、適用件数は今後も増え続け、決算では適用の可否とともに赤字だからといって何も検討しないのではなく、繰越しの余地も合わせて必ずチェックしなければならないポイントの1つということになるでしょう。

第 3 章

全企業向け
賃上げ促進税制

現行の賃上げ促進税制は大きく3つに分類されますが、この章ではその中でも全ての事業者が活用することができる全企業向け賃上げ促進税制について確認していきます。従来の賃上げ促進税制では、中小企業向けか大企業向けのどちらかの区分となっていたため、ここで確認する賃上げ促進税制は大企業に向けた制度と勘違いしやすいですが、あくまでも全企業向けということになります。

1 全企業向け賃上げ促進税制の概要

　中小企業にとっては、中小企業向け賃上げ促進税制の要件をクリアするのであれば、必ず中小企業向け賃上げ促進税制が有利な選択となります。また、雇用者給与等支給増加割合による要件をクリアできずに中小企業向け賃上げ促進税制の適用ができない場合であっても、中小企業者等に該当するのであれば全企業向け賃上げ促進税制を選択するよりも、次の章で確認する中堅企業向け賃上げ促進税制を適用する方が有利になるため、全企業向け賃上げ促進税制といっても結局は上場企業などの大法人等がその適用範囲になるといえるでしょう。

1 制度の概要

　全企業向け賃上げ促進税制は、青色申告書を提出する法人が、令和4年4月1日から令和9年3月31日までの間に開始する各事業年度で国内雇用者に対して給与等を支給する場合において、その事業年度（適用年度）における継続雇用者給与等支給額がその前事業年度における継続雇用者給与等支給額（以下、「継続雇用者比較給与等支給額」といいます）に比べ一定の割合で増加しているときは、その増加割合に応じ、控除対象雇用者給与等支給増加額に一定の税額控除割合を乗じた金額をその適用年度の法人税額から控除することができる制度です（措法42の12の5①）。

　適用年度の法人税の額から控除することができる税額控除限度額（以下、「税額控除限度額」といいます）は、次の算式により計算します。

> 税額控除限度額＝控除対象雇用者給与等支給増加額×税額控除割合

　なお、①「資本金の額等が10億円以上であり、かつ、常時使用する期末従業員の数が1,000人以上の場合」又は②「常時使用する期末従業員の数が2,000人超の場合」には、マルチステークホルダー方針の公表及びその旨の届出が必要となります（措法42の12の5①）。この適用要件については、②において、従来までの大企業

向け賃上げ促進税制にはなかった資本金基準に関係なく期末従業員の数が2,000人超かどうかで判定することが新たに設けられているため、要注意です。

> 継続雇用者を認識するのは要件判定のときだけ

　全企業向け賃上げ促進税制では、継続雇用者という用語が登場しますが、この用語はあくまでも全企業向け賃上げ促進税制の適用要件の判定のときにだけ使用します。そのため、税額控除限度額の算定では、第2章で既に確認した控除対象雇用者給与等支給増加額と税額控除割合の2つを計算要素として計算することになります。

(1) 控除対象雇用者給与等支給増加額

　税額控除限度額の計算要素の1つとなる控除対象雇用者給与等支給増加額は、実務上では適用年度の雇用者給与等支給額から、その前事業年度の雇用者給与等支給額である比較雇用者給与等支給額を控除した金額となることが多いかもしれませんが、これらの雇用者給与等支給額及び比較雇用者給与等支給額には補填額は含まれず、同じ給与等に充てるため他の者から支払を受ける金額であってもこれが雇用安定助成金額に該当する場合には、さらにこれを控除した調整雇用者給与等支給増加額が上限となるのは、中小企業向け賃上げ促進税制の取扱いと同じです。

(2) 税額控除割合

　全企業向け賃上げ促進税制における税額控除限度額を計算する上でもう1つの計算要素となる税額控除割合について、適用年度における継続雇用者給与等支給額からその継続雇用者比較給与等支給額を控除した金額のうちのその継続雇用者比較給与等支給額に対する割合（以下、「継続雇用者給与等支給増加割合」といいます）が3％以上である場合の税額控除割合は10％となり、その他、継続雇用者給与等支給増加割合に応じて【図表3-1】のとおり上乗せ措置（割増要件）が講じられています。

【図表 3-1　継続雇用者給与等支給増加割合による税額控除割合の改正】

	適用要件	税額控除割合（従来）		税額控除割合（改正後）	
＜通常要件＞	継続雇用者給与等支給額が、前事業年度と比べて3%以上増加	15%	→	10%	
＜割増要件＞	継続雇用者給与等支給額が、前事業年度と比べて4%以上増加	＋10%	→	＋5%	
	継続雇用者給与等支給額が、前事業年度と比べて5%以上増加	—	→	＋10%	(※)
	継続雇用者給与等支給額が、前事業年度と比べて7%以上増加	—	→	＋15%	(※)

(※) 令和6年度税制改正により新設

　【図表 3-1】のとおり、従来までのいわゆる大企業向け賃上げ促進税制では、通常要件での税額控除割合は15%でしたが、これが令和6年度税制改正によって10%に引き下げられるとともに、継続雇用者給与等支給増加割合が4%以上増加した場合の割増措置も＋10%から＋5%へと引き下げられました。一方で、**【図表 3-1】**(※)印のとおり、割増要件による上乗せ措置の適用要件の区分を広げ、継続雇用者給与等支給増加割合が5%以上の場合、7%以上の場合に、それぞれ＋10%、＋15%の割増要件が令和6年度税制改正によって新たに創設されました。これにより、全企業向け賃上げ促進税制における継続雇用者給与等支給額の増加割合による税額控除割合の割増要件は、中小企業向け賃上げ促進税制の雇用者給与等支給増加割合による割増要件よりも細かく区分されています。

　そして、さらに税額控除割合の上乗せ措置として、中小企業向け賃上げ促進税制でも少し触れましたが、全企業向け賃上げ促進税制においても、**【図表 3-2】**のように、適用要件はそれぞれ異なりますが、教育訓練費の増加による上乗せ措置（上乗せ要件①）と子育てとの両立・女性活躍支援による上乗せ措置（上乗せ要件②）が講じられています。

【図表 3-2　継続雇用者給与等支給増加割合以外の上乗せ措置】

	適用要件	税額控除割合
＜上乗せ要件①＞	教育訓練費の額が、前事業年度と比べて 10% 以上増加	＋5%
＜上乗せ要件②＞	プラチナくるみん認定又はプラチナえるぼし認定を取得	＋5%

　なお、全企業向け賃上げ促進税制でも中小企業向け賃上げ促進税制と同じように、上乗せ要件①と上乗せ要件②とは選択ではなく、適用要件を満たせば同時にどちらの上乗せ措置も適用することができます。つまり、【図表 3-3】のとおり、割増要件も含めた全ての上乗せ要件をクリアした場合には、全企業向け賃上げ促進税制の税額控除割合は最大で 35% となります。

【図表 3-3　税額控除割合の上乗せ措置】

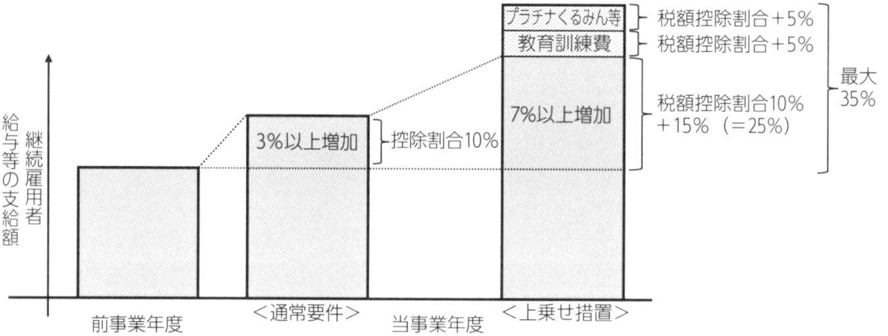

(3) 控除上限額

　全企業向け賃上げ促進税制の適用により、適用年度の法人税の額から控除できる金額は、次の算式のとおり、調整前法人税額の 20% に相当する金額が上限となります（措法 42 の 12 の 5 ①）。なお、税額控除限度額のうち控除上限額を超える部分については、中小企業向け賃上げ促進税制とは異なり、繰越税額控除制度は設けられていません。

> 控除上限額＝調整前法人税額× 20%

2 適用要件（通常要件）

　全企業向け賃上げ促進税制は、その法人等が、適用年度において、次の①及び②の要件を満たす場合に適用することができます。
　① 　国内雇用者に対し、給与等を支給すること
　② 　継続雇用者給与等支給増加割合が3％以上増加していること
　なお、継続雇用者給与等支給増加割合は、次の方法により計算します。

$$\text{継続雇用者給与等支給増加割合} = \frac{\text{継続雇用者給与等支給額} - \text{継続雇用者比較給与等支給額}}{\text{継続雇用者比較給与等支給額}} \geq 3\%$$

　なお、この制度を受けるためには、法人税の申告の際に、確定申告書等に税額控除の対象となる控除対象雇用者給与等支給増加額や控除を受ける金額、そしてその金額の計算に関する明細を記載した書類を添付するとともに（措法42の12の5⑦）、適用額明細書も合わせて提出します。

3 用語の意義

　第2章では、賃上げ促進税制全般を通して用いられる用語とともに、中小企業向け賃上げ促進税制に登場する用語の意義を確認しましたが、ここでは、全企業向け賃上げ促進税制上の用語に焦点を当て、その意義について確認することにします。

(1) 継続雇用者給与等支給額

　継続雇用者給与等支給額とは、国内雇用者のうち継続雇用者に対する適用年度の給与等の支給額をいいます。但し、補填額（雇用安定助成金額を除きます）がある場合には、その金額を除きます（措法42の12の5⑤四）。

【継続雇用者の意義】
　継続雇用者とは、以下の者をいいます（措令27の12の5⑦）。
　① 　前事業年度及び適用年度の全ての月分の給与等の支給を受けた国内雇用者であること

② 前事業年度及び適用年度の全ての期間において雇用保険の一般被保険者であること
③ 前事業年度及び適用年度の全て又は一部の期間において高年齢者雇用安定法に定める継続雇用制度の対象（本人の希望により定年後も引き続いて雇用する再雇用制度などをいい、就業規則に当該継続雇用制度を導入していることが記されているとともに、雇用契約書等又は賃金台帳に当該制度に基づいて雇用されている者であることの記載があること）になっていないこと

(2) 継続雇用者比較給与等支給額

継続雇用者比較給与等支給額とは、継続雇用者に対する適用年度の前事業年度の給与等の支給額をいいます（措法42の12の5⑤五）。

(3) 雇用保険の一般被保険者

雇用保険の一般被保険者とは、被保険者のうち、65歳以上の労働者を対象とする高年齢被保険者、季節的に雇用される労働者を対象とする短期雇用特例被保険者、日々雇用される者で30日以内の期間を定めて雇用される労働者を対象とする日雇労働被保険者以外の被保険者で、1週間の所定労働時間が20時間未満の雇用保険法の適用が除外される労働者を除き、原則として雇用保険の被保険者となる者をいいます。

(4) マルチステークホルダー方針

一定規模の法人等に対しては、マルチステークホルダー方針の公表等も適用要件の1つとなります。マルチステークホルダーとは、株主のみならず、従業員や取引先、顧客、債権者、地域社会などの複数の利害関係者をいい、マルチステークホルダー方針には、賃金の引上げ、教育訓練等の実施、取引先との適切な関係の構築等の方針を記載していきます。

マルチステークホルダー方針に係る要件を満たすためには、申告前までに以下の手続きを行う必要があります。

① マルチステークホルダー方針を自社のホームページに公表
② マルチステークホルダー方針を公表した旨を経済産業大臣（経済産業省）に

届出
③ 経済産業大臣（経済産業省）が郵送にて発出する受理通知書の受取り
④ マルチステークホルダー方針又は届出書の内容に変更があった場合には、その旨を経済産業大臣（経済産業省）に届出
⑤ 税務申告書類等に受理通知書の写しを添付

(4) ②の手続きは期限厳守で

　マルチステークホルダー方針は経済産業省のサイトに掲載されている「様式第一」に従って策定し、これを適用年度終了の日の翌日から45日を経過する日までに自社のホームページを通じて公表します。続いてマルチステークホルダー方針を公表したことについて、経済産業省のサイトに掲載されている「様式第二」により申請ウェブサイトを通じて経済産業大臣（経済産業省）に届出をしますが、必ず適用年度終了の日から45日を経過する日までに完了させておかなければなりません。届出の受理から受理通知書の発出までには約15日を要します。つまり、期日までに適切な手続きが行われなかった場合には、受理通知書の受取りが税務申告までに間に合わず、賃上げ促進税制の適用が受けられなくなるため、計画的に余裕をもって手続きを進める必要があります。

　また、手続きのためには「gBizID プライム」のアカウントを作成しておく必要がありますが、アカウントの取得までには2週間ほど要するため、こちらについても事前に準備しておくとよいでしょう。

ポータルサイトへの掲載要件にも注意

　マルチステークホルダー方針の中において、取引先への配慮として「パートナーシップ構築宣言」を行い、パートナーシップ構築宣言ポータルサイトに掲載していることも全企業向け賃上げ促進税制の適用要件となっています（措法42の5の12①）。マルチステークホルダー方針には、その登録日とリンク先のURLを記載する必要がありますが、掲載までには10日ほど要するため、こちらに関しても計画的な手続きが求められます。

マルチステークホルダー方針の違反により優遇措置は受けられず

　全企業向け賃上げ促進税制では、適正な取引価格の実現に向けて、上記のとおり「パートナーシップ構築宣言」の専用サイトで表明する必要があります。しかし、下請け企業に対し納入時に支払う代金を一方的に引き下げたことが下請け法違反に当たるとして公正取引員会から勧告を受け、当該サイトからその法人の掲載が削除されたために賃上げ促進税制の優遇措置を利用する資格を失うという事案が発生しています。また、これによって１年間は再び掲載することができず、その間は税制の優遇を受けることができなくなるため、注意が必要です。

2 適用要件の判定

　中小企業向け賃上げ促進税制では、雇用者給与等支給額が比較雇用者給与等支給額を上回っているかどうかが第一条件ということになりますが、これは全企業向け賃上げ促進税制でも変わりません。ただ、全企業向け賃上げ促進税制では、適用の可否の判断に当たり雇用者給与等支給額及び比較雇用者給与等支給額以外の判定要素も加味しなければなりません。

1 適用要件の確認

　中小企業向け賃上げ促進税制における適用要件の判定では、雇用者給与等支給額と比較雇用者給与等支給額を使って、雇用者給与等支給増加割合による適用要件の判定だけではなく、給与等に充てるため他の者から支払を受ける金額を受給していなければそのまま中小企業者等税額控除限度額を算定することもできました。

　一方、全企業向け賃上げ促進税制では、雇用者給与等支給額と比較雇用者給与等支給額によって税額控除限度額を算定するという流れは中小企業向け賃上げ促進税制と同じですが、適用要件の確認においては、雇用者給与等支給額及び比較雇用者給与等支給額とは別に、継続雇用者給与等支給額及び継続雇用者比較給与等支給額を計算して判定しなければなりません。

　継続雇用者給与等支給額の計算の基礎となる継続雇用者の意義については、1 3(1) で確認しましたが、例えば、適用年度とその前事業年度の期間がそれぞれ1年間とした場合、継続雇用者を決定するには、全従業員の中から2年間（3月決算の場合には、前事業年度開始日の4月1日から適用年度終了日の3月31日までの2年間）にわたって給与の支給を受けた従業員をまずはピックアップし、その中から非居住者や雇用保険の一般被保険者でない従業員を除外していくといった流れが一般的です。但し、全企業向け賃上げ促進税制を適用する会社については、従業員の定着率も高く、またその数もかなり多くなるため、逆に損益計算書や製造原価報

告書などに計上された給与関連の数字から、新入社員や退職者など2年間にわたって給与等の支給がなかった従業員や非居住者、雇用保険の一般被保険者以外の従業員をピックアップして控除していくという方法を採用することの方が簡便的かもしれません。

継続雇用者に該当しない従業員

継続雇用者に該当しない従業員とは、上記のとおり、2年間にわたって給与等の支給がなかった従業員や雇用保険の一般被保険者以外の従業員ということになりますが、具体的な例としては、以下のとおりです。

① 前事業年度又は適用年度の途中で、新たに採用された者又は退職した者
② 前事業年度若しくは適用年度の全て又は一部の期間において、産休・育休等により休職しており、その間給与等の支給がない月があった者（但し、休職中であっても、例えば「産休・育休手当」などのように、給与課税の対象となる手当が使用者等から支給されている場合には、給与等の支給があったことになります）
③ 前事業年度若しくは適用年度の全て又は一部の期間において、パート・アルバイト・時短勤務等により、雇用保険の一般被保険者でなかった者
④ 前事業年度の開始から適用年度の終了の日までの間に、高年齢者雇用安定法に定める継続雇用制度の対象となった者

2 適用判定の具体例

全企業向け賃上げ促進税制の適用は、継続雇用者給与等支給額が前事業年度より3％以上増加していることが要件となりますが、この継続雇用者給与等支給額の算定に当たり、そもそもその従業員が継続雇用者に該当する者かどうかの判断に当たっては、【図表3-4】のようなイメージとなります。なお、この例では3月決算を想定しています。

【図表3-4　継続雇用者の判定】

	前事業年度 4月〜3月	適用年度 4月〜3月	判定
正社員A (勤続20年)	一般被保険者	一般被保険者	○
正社員B (育休(手当あり))	休職 育休手当あり / 一般被保険者	一般被保険者	○
新入社員C (前事業年度4月〜)	4月は日割 / 一般被保険者	一般被保険者	○
パートタイマーD (週20時間以上勤務)	一般被保険者	一般被保険者	○
執行役員E (雇用保険加入)	一般被保険者	一般被保険者	○
退職者F (直近2年内で退職)	一般被保険者	一般被保険者 / 退職	×
正社員G (休職期間あり)	一般被保険者 / 休職 手当支給なし	休職 手当支給なし / 一般被保険者	×
兼務役員H (期中で役員就任)	一般被保険者	一般被保険者 / (取締役)	×
嘱託社員I (定年後再雇用)	一般被保険者	一般被保険者 / 再雇用 高年齢被保険者	×
中途採用J (前事業年度12月〜)	(採用前) / 一般被保険者	一般被保険者	×
アルバイトK (週8時間程度勤務)	-------	-------	×

　【図表3-4】では、雇用保険の一般被保険者として給与等の支給があった月に色を付けていますが、これが2年間にわたり全ての月で色が付けば継続雇用者ということになります。新入社員Cのように、その月が日割りになったとしても給与等の支給がある限りは色がつきます。

　その他のケースとして、適用年度と前事業年度の2年間の中で定年退職を迎え継続雇用制度を使って嘱託契約となったケースや、途中で役員に昇格するケースなどは実務の中でもよくあることですが、こうした場合にはどちらも継続雇用者には該当せず、それぞれの給与等の支給額は継続雇用者給与等支給額及び継続雇用者比較給与等支給額として集計はしません。

　また、会社によっては登記上の役員ではない執行役員という役職を定めているケースも少なくありません。執行役員は役員会などに出席しますが、取締役会では議決権を有しません。執行役員Eのように、雇用保険の観点からも労働者性が高ければ一般被保険者となり得るため、そうであるならば継続雇用者としてカウントされることになります。

> 法人税法上の役員の範囲

　法人税法上の役員の範囲は、次のとおりとなっており（法法2二十五）、少なくとも執行役員は法人税法上の役員には該当しないことになります。
① 　法人の取締役、執行役、会計参与、監査役、理事及び監事並びに清算人
② 　①以外の者で法人の経営に従事している者のうち一定のもの

3 控除対象雇用者給与等支給増加額の計算

　中小企業向け賃上げ促進税制では、適用要件の判定でも税額控除額の算定でも補填額さえなければどちらも雇用者給与等支給額と比較雇用者給与等支給額との差額を使って計算していくことができます。しかし、全企業向け賃上げ促進税制では、適用要件を確認する段階では継続雇用者給与等支給額及び継続雇用者比較給与等支給額を使って判定し、税額控除限度額を計算する段階になると、次のとおり、中小企業向け賃上げ促進税制と同じく控除対象雇用者給与等支給増加額に税額控除割合を乗じて算定します(再掲)。あくまでも継続雇用者給与等支給額は適用要件の判定と割増要件のための要件確認でしか使われません。

> 税額控除限度額＝控除対象雇用者給与等支給増加額×税額控除割合

　控除対象雇用者給与等支給増加額は、中小企業向け賃上げ促進税制と同様、実務上は雇用者給与等支給額から比較雇用者給与等支給額を控除した金額となるケースがほとんどですが、各事業年度において雇用安定助成金額を受給している場合には、雇用者給与等支給額及び比較雇用者給与等支給額からこれらの雇用安定助成金額を差し引く前の金額と、それぞれ雇用安定助成金額を差し引いた金額とを比較していずれか小さい金額が控除対象雇用者給与等支給増加額となります。詳細は第2章 3 を参照ください。

継続雇用者給与等支給増加割合による上乗せ措置（割増要件）

　中小企業向け賃上げ促進税制では、雇用者給与等支給増加割合が1.5％以上の場合、通常要件として税額控除割合は15％であり、さらに雇用給与等支給増加割合が2.5％以上の場合、通常要件の税額控除割合に15％の上乗せ措置（割増要件）が講じられています。このように、中小企業向け賃上げ促進税制では雇用者給与等支給増加割合による税額控除割合は2段階ですが、全企業向け賃上げ促進税制では、1 1 (2)でも確認したとおり、通常要件と継続雇用者給与等支給増加割合による割増要件を合わせると、税額控除割合は4段階になっています。

$$\text{継続雇用者給与等支給増加割合} = \frac{\text{継続雇用者給与等支給額} - \text{継続雇用者比較給与等支給額}}{\text{継続雇用者比較給与等支給額}} \geq 4\% \text{or} 5\% \text{or} 7\%$$

段階別に税額控除割合
の割増要件による上乗せ措置あり

　なお、通常要件と継続雇用者給与等支給増加割合による割増要件による税額控除割合を改めて確認しておくと、以下【図表3-1】（再掲）のとおりとなりますが、中小企業向け賃上げ促進税制と全企業向け賃上げ促進税制との＜割増要件＞の違いは、そもそも各制度の適用判定に使う増加割合が、中小企業向け賃上げ促進税制では雇用者給与等支給増加割合によるものである一方で、全企業向け賃上げ促進税制では継続雇用者給与等支給増加割合によることとなるため、割増要件の判定においてもそれぞれ適用判定で使った増加割合によることになります。

【図表3-1　継続雇用者給与等支給増加割合による税額控除割合の改正】

	適用要件	税額控除割合（従来）		税額控除割合（改正後）	
＜通常要件＞	継続雇用者給与等支給額が、前事業年度と比べて3%以上増加	15%	→	10%	
＜割増要件＞	継続雇用者給与等支給額が、前事業年度と比べて4%以上増加	＋10%	→	＋5%	
	継続雇用者給与等支給額が、前事業年度と比べて5%以上増加	−	→	＋10%	(※)
	継続雇用者給与等支給額が、前事業年度と比べて7%以上増加	−	→	＋15%	(※)

(※) 令和6年度税制改正により新設

第 4 章

中堅企業向け賃上げ促進税制

従来まで、中堅企業には法的な定義は存在せず、中小企業と大企業との中間規模の企業を指すことが一般的でした。しかし、規模の拡大とともに、経営の高度化、商圏の拡大、事業の多角化といったビジネスの発展がみられる段階の企業群として、令和6年度を「中堅企業元年」と位置付け、従業員2,000人以下の企業を中堅企業として定義し、これらの企業への支援を強化する方針が打ち出されました。

　具体的には、賃上げ原資の確保のための補助金や地域未来投資促進税制の拡充による大規模成長投資支援の創設、経営資源を集約化して賃上げに繋げるグループ化税制の創設とともに、地域において賃上げと経済の好循環の担い手として期待される中堅企業の賃上げ環境の整備に向けて「中堅企業向け賃上げ促進税制」が創設されました。

中堅企業向け賃上げ促進税制の概要

　第2章では中小企業向け賃上げ促進税制、第3章では全企業向け賃上げ促進税制の全体像について確認してきましたが、最後は令和6年度税制改正によって賃上げ促進税制の新たな枠組みとして誕生した中堅企業向け賃上げ促進税制の概要についてみていきます。

1 制度の概要

　中堅企業向け賃上げ促進税制は、青色申告書を提出する法人が、令和6年4月1日から令和9年3月31日までの間に開始する各事業年度で国内雇用者に対して給与等を支給する場合で、かつ、その事業年度（適用年度）終了時に特定法人に該当する場合において、適用年度における継続雇用者給与等支給額がその前事業年度における継続雇用者給与等支給額（以下、「継続雇用者比較給与等支給額」といいます）に比べ一定の割合で増加しているときは、その増加割合に応じ、控除対象雇用者給与等支給増加額に一定の税額控除割合を乗じた金額をその適用年度の法人税額から控除することができる制度です（措法42の12の5②）。

　適用年度の法人税の額から控除することができる税額控除限度額（以下、「特定税額控除限度額」といいます）は、次の算式により計算します。

> 特定税額控除限度額＝控除対象雇用者給与等支給増加額×税額控除割合

　なお、資本金の額等が10億円以上であり、かつ、常時使用する期末従業員の数が1,000人以上の場合には、マルチステークホルダー方針の公表及びその旨の届出が必要となります（措法42の12の5②）。

　ここで、マルチステークホルダー方針の公表等の対象範囲についてですが、全企業向け賃上げ促進税制では、①「資本金の額等が10億円以上であり、かつ、常時使用する期末従業員の数が1,000人以上の場合」又は②「常時使用する期末従業員の

数が2,000人超の場合」となっています。一方、中堅企業向け賃上げ促進税制では期末従業員の数が2,000以下である特定法人が当該制度の適用の対象になっているため、①「資本金の額等が10億円以上であり、かつ、常時使用する期末従業員の数が1,000人以上の場合」のみがマルチステークホルダー方針の公表等の対象者となります。

(1) 控除対象雇用者給与等支給増加額

特定税額控除限度額の計算要素の1つとなる控除対象雇用者給与等支給増加額は、ひとまず適用年度の雇用者給与等支給額から、その前事業年度の雇用者給与等支給額である比較雇用者給与等支給額を控除して算定されます。そして、雇用者給与等支給額及び比較雇用者給与等支給額には補填額は含まれませんが、同じ給与等に充てるため他の者から支払を受ける金額の中でもこれが雇用安定助成金額である場合には、さらにこれを控除した調整雇用者給与等支給増加額が上限となります。

(2) 税額控除割合

中堅企業向け賃上げ促進税制における税額控除限度額を計算する上でもう1つの計算要素となる税額控除割合について、適用年度における継続雇用者給与等支給額からその継続雇用者比較給与等支給額を控除した金額のうちのその継続雇用者比較給与等支給額に対する割合（以下、「継続雇用者給与等支給増加割合」といいます）が3％以上である場合、税額控除割合は10％となり、さらに継続雇用者給与等支給増加割合が4％以上となるときは、【図表4-1】のとおり上乗せ措置＜割増要件＞が講じられています。

【図表4-1　継続雇用者給与等支給増加割合による税額控除割合】

	適用要件	税額控除割合
＜通常要件＞	継続雇用者給与等支給額が、前事業年度と比べて3％以上増加	10％
＜割増要件＞	継続雇用者給与等支給額が、前事業年度と比べて4％以上増加	＋15％

【図表 4-1】のとおり、中堅企業向け賃上げ促進税制における継続雇用者給与等支給増加割合による税額控除割合は、＜通常要件＞と＜割増要件＞の２段階のみとなります。

また、税額控除割合の上乗せ措置としては、中小企業向け賃上げ促進税制や全企業向け賃上げ促進税制にも登場してきましたが、【図表 4-2】のように、教育訓練費の増加による上乗せ措置（上乗せ要件①）と子育てとの両立・女性活躍支援による上乗せ措置（上乗せ要件②）が講じられています。

【図表 4-2　継続雇用者給与等支給増加割合以外の上乗せ措置】

	適用要件	税額控除割合
＜上乗せ要件①＞	教育訓練費の額が、前事業年度と比べて 10% 以上増加	＋5%
＜上乗せ要件②＞	プラチナくるみん認定又はえるぼし認定（3段目以上）を取得	＋5%

なお、他の賃上げ促進税制と同じく、「上乗せ要件①」と「上乗せ要件②」とは選択ではなく、適用要件を満たせば同時にどちらの上乗せ措置も適用することができます。つまり、【図表 4-3】のとおり、全ての上乗せ要件をクリアした場合には、中堅企業向け賃上げ促進税制の税額控除割合は最大で 35% となります。

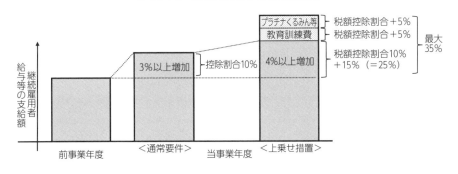

【図表 4-3　税額控除割合の上乗せ措置】

(3) 控除上限額

中堅企業向け賃上げ促進税制の適用により、適用年度の法人税の額から控除でき

る金額は、次の算式のとおり、調整前法人税額の20％に相当する金額が上限となります（措法42の12の5②）。なお、税額控除限度額のうち控除上限額を超えた場合であってもその部分に対しては、全企業向け賃上げ促進税制と同じく、中小企業向け賃上げ促進税制のような繰越税額控除制度は設けられていません。

$$控除上限額＝調整前法人税額 \times 20\%$$

2　適用要件（通常要件）

　中堅企業向け賃上げ促進税制は、特定法人が、適用年度において、次の①及び②の要件を満たす場合に適用することができます。継続雇用者給与等支給増加割合による判定は、全企業向け賃上げ促進税制の場合と同じになります。
　①　国内雇用者に対し、給与等を支給すること
　②　継続雇用者給与等支給増加割合が3％以上増加していること
　なお、継続雇用者給与等支給増加割合は、次の方法により計算します。

$$継続雇用者給与等支給増加割合 = \frac{継続雇用者給与等支給額 - 継続雇用者比較給与等支給額}{継続雇用者比較給与等支給額} \geq 3\%$$

　②は、全企業向け賃上げ促進税制の継続雇用者給与等支給増加割合の要件と同じです。また、この制度を受けるためには、法人税の申告の際に、確定申告書等に税額控除の対象となる控除対象雇用者給与等支給増加額や控除を受ける金額、そしてその金額の計算に関する明細を記載した書類を添付するとともに（措法42の12の5⑦）、適用額明細書も合わせて提出します。

3　用語の意義

　賃上げ促進税制上の用語については、第2章、第3章でも取り上げてきたことである程度は網羅されてきましたが、ここでは中堅企業向け賃上げ促進税制で登場する用語について確認します。

(1) 特定法人

特定法人とは、常時使用する従業員の数が2,000人以下の法人（措法42の12の5⑤十）をいい、中堅企業と同義となります。但し、中堅企業向け賃上げ促進税制では、その企業のうち、その企業及びその企業との間にその企業による支配関係がある企業の従業員数の合計が1万人を超えるものを除きます（同上）。

（特定法人には資本基準なし）

賃上げ促進税制において、資本基準が設定されているのは、中小企業向け賃上げ促進税制を選択適用できる中小企業者等（資本金の額等が1億円以下）だけになります。その他に資本基準が設けられているのは、全企業向け賃上げ促進税制と中堅企業向け賃上げ税制でマルチステークホルダー方針の宣言が必要かどうかという部分になります。

つまり、中堅企業向け賃上げ促進税制の適用に当たっては、その適用要件として期末従業員の数による制約はありますが、全企業向け賃上げ促進税制と同様、資本基準による制約はありません。

(2) 支配関係

法人税法でいう支配関係とは、一の者が法人の発行済株式又は出資（当該法人が有する自己の株式又は出資を除きます）の総数又は総額の50％を超える数又は金額の株式又は出資を直接又は間接に保有する関係として一定の関係等をいいます（法法2十二の七の五）。

（支配関係にある1万人の判定に注意）

中堅企業向け賃上げ促進税制では、その企業だけで期末従業員の数が2,000人を超えるか、その企業が他の企業の支配権を有する企業（以下、「支配企業」といいます）であった場合にその支配企業とその支配企業による支配関係がある企業（以下、「被支配企業」といいます）の期末従業員の数が1万人を超えるときには、その支配企業は中堅企業向け賃上げ促進税制の適用対象からは除外されます。但し、被支配企業は適用対象からは除外されません。

【図表4-4】の支配関係図のような親会社Aによる企業グループにおける中堅企業向け賃上げ促進税制の適用対象を具体的に確認すると、次のとおりとなります。

【図表 4-4　A グループの支配関係】

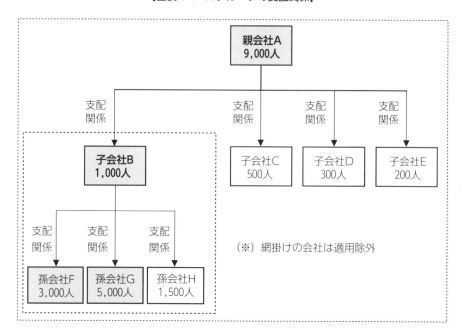

　まず、親会社 A の判定について、期末従業員の数は 9,000 人となり、既に単体で 2,000 人を超えているため、中堅企業向け賃上げ促進税制は適用除外となります。

　次に、子会社 B について、期末従業員の数は 1,000 人であり単体では 2,000 人以下ですが、被支配企業となる孫会社 F、孫会社 G、孫会社 H の期末従業員の数を合計すると 1 万人を超えるため、B も中堅企業向け賃上げ促進税制の適用除外となります。

　そして、親会社 A 及び子会社 B 以外については、自身が親会社となってその下にさらに支配している子会社等はないため、それぞれ単体で期末従業員の数を判定することになります。

　つまり、中堅企業向け賃上げ促進税制における支配関係は、自身を中心としてその下位の会社だけをみて判定すればよく、親会社や兄弟会社などはその判定の範囲には含まれません。これが、被支配会社は適用対象からは除外されないということの意味するところです。よって、孫会社 F 及び孫会社 G はそもそも単体で期末従業員数が 2,000 人を超えているため中堅企業には該当しませんが、子会社 C、子会社 D、子会社 E 及び孫会社 H は、中堅企業向け賃上げ促進税制の適用対象からは除外されません。

2　適用要件の判定

　中堅企業向け賃上げ促進税制においても、雇用者給与等支給額が比較雇用者給与等支給額を上回っているかどうかが第一条件ということになりますが、この条件以外に、全企業向け賃上げ促進税制と同じように継続雇用者給与等支給額及び継続雇用者比較給与等支給額を別に計算し、これらを使って計算した継続雇用者給与等支給増加割合が3％以上であることも適用要件の1つとなります。なお、この要件に関する継続雇用者の定義や適用判定の具体例については、第3章を参照ください。

3 控除対象雇用者給与等支給増加額の計算

　中堅企業向け賃上げ促進税制における特定税額控除限度額は、控除対象雇用者給与等支給増加額に税額控除割合を乗じて計算しますが、控除対象雇用者給与等支給増加額は、雇用者給与等支給額から比較雇用者給与等支給額を控除した金額となります。但し、各事業年度において雇用安定助成金額を受給している場合には、それぞれ雇用安定助成金額を差し引いた雇用者給与等支給額から比較雇用者給与等支給額を控除した調整雇用者給与等支給増加額が上限となります。こちらについても、詳細は第2章 3 と同じ内容となります。

継続雇用者給与等支給増加割合による上乗せ措置(割増要件)

中堅企業向け賃上げ促進税制においても、全企業向け賃上げ促進税制と同じく、税額控除割合は、継続雇用者給与等支給増加割合に応じて上乗せ措置が講じられています。

$$\text{継続雇用者給与等支給増加割合} = \frac{\text{継続雇用者給与等支給額} - \text{継続雇用者比較給与等支給額}}{\text{継続雇用者比較給与等支給額}} \geq 4\%$$

⇩

税額控除割合15％上乗せ

ただし、全企業向け賃上げ促進税制では、「通常要件」と継続雇用者給与等支給増加割合による「割増要件」を合わせると、税額控除割合は4段階になっていましたが、中堅企業向け賃上げ促進税制では、以下【図表4-1】(再掲)のとおり、通常要件と継続雇用者給与等支給増加割合による割増要件の2段階となっています。

【図表4-1 継続雇用者給与等支給増加割合による税額控除割合】

	適用要件	税額控除割合
<通常要件>	継続雇用者給与等支給額が、前事業年度と比べて3％以上増加	10％
<割増要件>	継続雇用者給与等支給額が、前事業年度と比べて4％以上増加	＋15％

なお、中堅企業向け賃上げ促進税制も全企業向け賃上げ促進税制も税額控除割合の最大割合は、どちらも通常要件の10％に15％を上乗せした25％相当ですが、中堅企業向け賃上げ促進税制による継続雇用者給与等支給増加割合の方がより低い割合で最大の上乗せ措置を適用することができます。

第 5 章

教育訓練費と くるみん認定・ えるぼし認定

賃上げ促進税制は、これまでのとおり、中小企業向け賃上げ促進税制と全企業向け賃上げ促進税制、中堅企業向け賃上げ促進税制の3つに区分され、それぞれの税額控除限度額は、控除対象雇用者給与等支給増加額に税額控除割合を乗じて計算します。そして、税額控除限度額の計算の基礎となる税額控除割合については、中小企業向け賃上げ促進税制では雇用者給与等支給増加割合による上乗せ措置、全企業向け賃上げ促進税制と中堅企業向け賃上げ促進税制では継続雇用者給与等支給増加割合による上乗せ措置が講じられています。そして、これら全ての賃上げ促進税制においては、従来からも教育訓練費の増加による上乗せ措置が講じられており、令和6年度税制改正ではさらなる上乗せ措置が追加されました。

　本章では、従前から設けられている教育訓練費による上乗せ措置と、令和6年度税制改正によって創設された新たな上乗せ措置について、それぞれ概要を確認することにします。

教育訓練費の増加による上乗せ措置（上乗せ要件①）

賃上げ促進税制の上乗せ要件のうち、教育訓練費の増加による上乗せ措置の概要や教育訓練費の具体的な範囲等については、次のとおりです。

1 各賃上げ促進税制における上乗せ措置

　教育訓練費の増加による税額控除割合の上乗せ措置は、中小企業向け賃上げ促進税制においては、適用年度において損金算入される教育訓練費の額が前年度における教育訓練費の額（以下「比較教育訓練費の額」といいます）に比べ5％以上増加した場合、税額控除割合につき10％が上乗せされます（措法42の12の5③二イ）。なお、教育訓練費の増加割合は次の算式による方法となります。

$$\text{教育訓練費の増加割合} = \frac{\text{適用年度の教育訓練費の額} - \text{比較教育訓練費の額}}{\text{比較教育訓練費の額}} \geq 5\%$$

　また、適用年度において損金算入される教育訓練費の額は、次の算式のとおり、その適用年度の雇用者給与等支給額の0.05％以上である必要がありますが（措法42の12の5③二ロ）、これは全ての賃上げ促進税制の上乗せ要件として共通のものとなっています（同①二ロ、②二ロ）。

$$\text{教育訓練費の額（適用年度）} \geq \text{雇用者給与等支給額（適用年度）} \times 0.05\%$$

　そして、全企業向け賃上げ促進税制と中堅企業向け賃上げ促進税制においては、どちらも適用年度において損金算入される教育訓練費の額が比較教育訓練費の額に比べ10％以上増加した場合に、税額控除割合につき5％が上乗せされます（措法42の12の5①二イ、同②二イ）。

各制度の教育訓練費に関する上乗せ措置をまとめると、【図表5-1】のとおりとなります。

【図表5-1 各制度の教育訓練費の上乗せ措置】

	教育訓練費 の前年度比	税額控除割合 の上乗せ措置
中小企業向け賃上げ促進税制	前年度比 ＋ 5％	10％上乗せ
全企業向け賃上げ促進税制	前年度比 ＋ 10％	5％上乗せ
中堅企業向け賃上げ促進税制	前年度比 ＋ 10％	5％上乗せ

2 教育訓練費の概要

　教育訓練費とは、法人がその国内雇用者の職務に必要な技術又は知識を習得させ、又は向上させるために支出する費用で一定のものをいいます（措法42の12の5⑤七）。また、比較教育訓練費の額とは、通常は前事業年度の教育訓練費の額をいいます。

比較教育訓練費の額の計算

　適用年度とその前事業年度の期間がともに12か月であれば、比較教育訓練費の額はそのままその前事業年度の教育訓練費の額ということになります。しかし、適用年度とその適用年度開始の日前1年以内に開始した各事業年度の月数が異なる場合には、次の算式によって教育訓練費を適用年度のベースに合わせます（措法42の12の5⑤八）。

$$比較教育訓練費の額 = その異なる事業年度の教育訓練費の額 \times \frac{適用年度の月数}{その異なる事業年度の月数}$$

　なお、月数は暦に従って計算し、1月に満たない端数が生じたときは、これを1月とします。

⌒比較教育訓練費の額がゼロの場合の判定⌒

比較教育訓練費の額がゼロであった場合でも、適用年度において教育訓練費の額が生じたときは上乗せ措置の要件を満たします。

(1) 教育訓練の対象

教育訓練の対象者は、国内雇用者に限られます。よって、次に掲げる者は国内雇用者に該当しないため、ここでいう教育訓練の対象者からは除外されます。

- ○ 法人の役員
- ○ 使用人兼務役員
- ○ その法人の役員の特殊関係者（役員の親族、事実上婚姻関係と同様の事情にある者、役員から支援を受けている者及びこれらの者と生計を一にする親族）
- ○ 内定者等の入社予定者

(2) 教育訓練費の範囲

対象となる教育訓練費は、【図表5-2】のように区分され、それぞれ次のような内容が教育訓練費に該当します。

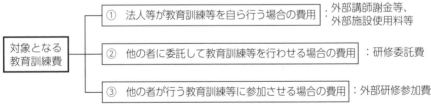

【図表5-2　上乗せ要件の対象となる教育訓練費】

① 法人等が教育訓練等を自ら行う場合の費用

法人等が自ら行う教育訓練等に係る費用としては、外部講師への謝金や外部に支払う施設等の賃借料等が挙げられますが、具体的には次のような費用となります。

- ○ 外部から講師又は指導員（以下、「外部講師等」といいます）を招聘し、講義・指導等の教育訓練等を自ら行う費用
- ○ 外部講師等に対して支払う報酬、料金、謝金その他これらに類する費用

- ○ 施設、設備その他資産（以下、「外部施設等」といいます）を賃借又は使用し、教育訓練等を自ら行う費用
- ○ 施設、備品、コンテンツ等の賃借又は使用のための費用
- ○ 教育訓練等に関する計画又は内容の作成について、外部の専門知識を有する者に委託する費用

外部講師等の範囲

　自社の法人の役員や従業員等は外部講師等には該当しないため、これらに支払う人件費や講師料は教育訓練費には含まれません。但し、その法人の子会社や関連会社などのグループ企業の役員や従業員等を講師として招聘した際の謝金等は教育訓練費に含まれます。

報酬その他これらに類する費用

　教育訓練費には、講義・指導等の対価として外部講師に支払う報酬や謝金等のほか、外部講師等の招聘に要した交通費や宿泊費、食費等の旅費などのうちその法人が負担した費用も含まれます。
　但し、教育訓練を受けるために従業員に対して支給した交通費や旅費等は教育訓練費に含めることはできません。

外部施設等の使用料等の範囲

　外部の施設を賃借して研修を行った場合に支出する費用は教育訓練費に含まれますが、その施設が子会社（出資比率等は問いません）や関連会社等のグループ企業が所有する施設等であっても対象となります。
　但し、その法人が自己で所有する施設を使用して研修を行ったことによって生じる光熱費や維持管理費は教育訓練費には含まれません。また、研修施設を取得するための取得費用や減価償却費、あるいは自己で所有する研修所の改修のために要した修繕費等も外部施設等の使用のための費用には該当しないため、教育訓練費に含めることはできません。

> 施設、設備・備品、コンテンツ等の例示

- ○ 施設＝研修施設、会議室、実習室等
- ○ 設備＝シミュレーター設備等
- ○ 備品＝プロジェクター、ホワイトボード、パソコン等
- ○ コンテンツ＝DVDやe-ラーニング内の教育訓練に関する情報

　教育訓練のために賃借又は使用の対価として支払うこれらの使用料、利用料、賃借料、借上料なども含め、レンタル又はリースした場合のレンタル料やリース料についても教育訓練費に含まれます。また、教育訓練等のために使用されている契約期間であれば、実際の使用期間にかかわらず教育訓練費に含めることができます。

> 教育訓練等の計画等に係る費用

　研修プログラムなど、教育訓練等に関する計画又は内容の作成について、外部の専門知識を有する者に委託する費用は教育訓練費に含まれます。一方、プログラム策定のためのコンテンツの取得や自社内での作製などに係る費用は教育訓練費に含めることはできません。

② 他社に委託して教育訓練等を行わせる場合の費用

　法人等が直接外部に委託をして従業員等に教育訓練等を受けさせるために支出する研修委託費等は、具体的に次のような費用がその範囲となります。

- ○ 自社の従業員等（国内雇用者）の職務に必要な技術・知識の習得又は向上のため、他の者に委託して教育訓練等を行わせる費用
- ○ 教育訓練等のために他の者に対して支払う費用

> 「他の者」と他の者に支払う費用の例示

　その法人等が委託をする研修等の相手先としては、次のような「他の者」が挙げられます。

- ○ 民間の教育会社や公共職業訓練機関、商工会議所などの、事業として教育を行っている外部教育機関
- ○ その他、上記以外の一般企業（なお、その委託先が教育訓練を業としていない会社であっても、実態として教育訓練を行うのであれば、その委託費は教育

第5章　教育訓練費とくるみん認定・えるぼし認定

訓練費に含まれます）
- ○ その法人の子会社、関連会社等グループ内の教育機関又は一般企業（出資比率は問わず、100％子会社に委託した場合であっても、その委託費は教育訓練費に含まれます）

また、他の者に支払う教育訓練等のための費用としては、講師の人件費のほか、施設使用料等の委託費用などが挙げられます。

③ 他の者が行う教育訓練等に参加させる場合の費用

法人等がその従業員等のスキルアップなどのために、その法人等以外の他の者が行う教育訓練等に参加させるために支出する外部研修参加費等は、具体的に次のような費用がその範囲となります
- ○ 自社の従業員等（国内雇用者）の職務に必要な技術・知識の習得又は向上のため、他の者が行う教育訓練等に参加させる費用
- ○ 他の者が行う教育訓練等に対する対価として支払う授業料、受講料、受験手数料その他の費用

（外部研修参加費の範囲）

他の者が行う教育訓練等としては、研修講座や講習会、研修セミナー、技術指導等が挙げられますが、これらの講座等の授業料や受講料、参加料、指導料等、通信教育に係る費用等のほか、法人等がその従業員等を国内外の大学院コース等に参加させる場合の大学院等に支払う授業料等聴講に要する費用、教科書等の費用が含まれます。なお、従業員等がその費用の一部を負担する場合には、その負担された部分は教育訓練費には含まれません。

また、受験手数料については、教育訓練等の一環として各種資格や検定試験が行われる場合を対象とし、資格を取得したことに対して従業員等に支払う報奨金は、教育訓練費には含まれません。

（教育訓練費となる大学院コース等の授業料等）

大学院等の授業料等の負担のうち学資金に該当しないものとして給与所得に相当する部分は教育訓練費からは除かれます。また、大学院等に留学させる場合のその

留学期間中に支払う人件費や旅費、住居費など聴講と直接関係のない費用は教育訓練費には含まれず、単に学士取得やキャリアアップ等を目的としているなど、その従業員等が個人として負担すべき費用を法人等が肩代わりして負担している場合の費用については、給与所得に該当するものとして教育訓練費には含まれません。

学資金に該当する場合の非課税

　学資に充てるため給付される金品（これを「学資金」といいます）のうち、これが給与その他対価の性質を有するものを除いては、所得税法上非課税とされています（所法9①十五）。なお、ここでいう学資金とは、一般に学術又は技芸を習得するための資金として一定のものをいい、その学資金が通常の給与に加算して給付されるものは給与所得として取り扱われます。

　つまり、例えば、専門学校等の授業料等の資格取得に必要な費用に充てるために設けられた社内奨学金制度によって、その専門学校等に授業料等をその法人等が直接払い込むことによって奨学金を貸与した場合において、その社内奨学金制度に則り、資格取得後、一定期間勤務することで当該貸付金が免除されたとしても、学術を取得するための資金として、その目的に使用されるものである限りは、その免除したことによる経済的利益は学資金に該当するものと解されます。

教科書その他教材費の範囲

　その法人等が自ら教科書や教育訓練用のコンテンツを製作した場合に支出した人件費や備品・消耗品などの材料購入費、複写・印刷費等は教育訓練費には含まれません。また、その法人等の教育訓練担当部署が教育訓練プログラム等を作成するために内部資料として書籍を購入した場合の書籍代も教育訓練費には含まれません。但し、e-ラーニングのコンテンツの使用料は教育訓練費の対象となります。

④　教育訓練費の対象とならない費用（まとめ）

　次のような費用は、教育訓練費には含まれません。

- ○　法人等がその使用人又は役員に支払う教育訓練中の人件費、報奨金等
- ○　教育訓練等に関連する旅費、交通費、食費、宿泊費、居住費（研修の参加に必要な交通費やホテル代、海外留学時の居住費等を含みます）

- ○ 福利厚生目的など教育訓練以外を目的として実施する場合の費用
- ○ 法人等が所有する施設等の使用に要する費用（光熱費、維持管理費等）
- ○ 法人等の施設等の取得等に要する費用（その施設等の減価償却費も含みます）
- ○ 教材等の購入、製作に要する費用（教材となるソフトウエアやコンテンツの開発費を含みます）
- ○ 教育訓練の直接費用でない大学等への寄附金や保険料等

交付を受けた補助金等の取扱い

　外部研修参加費のうち、従業員等が費用の一部を負担している場合のその負担部分は、教育訓練費から除外することになりますが、同じように、教育訓練費に充てるために他の者から支払を受ける金額がある場合には、その金額は教育訓練費から控除します。よって、教育訓練費の対象となる費用の中に、国等から交付を受けた補助金等がある場合には、これらの交付金の額は教育訓練費から控除することになります。

(3) 教育訓練費の上乗せを受けるための手続き等

　教育訓練費に関する資料については、申告に当たり申告書に添付等をして提出する必要はありません。

　但し、様式等の書式は自由ですが、「①教育訓練等の実施時期、②教育訓練等の実施内容及び実施期間、③教育訓練等の受講者、④教育訓練費の支払証明を記載した書類」を一覧にした明細書などを作成し、保存しておく必要があります。また、これらの明細書は、適用年度に係るものだけではなく、比較教育訓練費の額の根拠となる前事業年度に係るこれらの明細書も作成する必要があるため、要注意です。

　なお、明細書への具体的な記載内容は以下のとおりとなりますが、イメージとしては【図表5-3】のようにエクセルなどを使って作成しておきます。

① 教育訓練等の実施時期：「年月」は必須ですが、「日」はここでは任意です。
② 教育訓練等の実施内容：教育訓練等のテーマや内容、実施期間
③ 教育訓練等の受講者　：教育訓練等を受ける予定又は受けた者の氏名等
④ 教育訓練費の支払証明：費用を支払った年月日、内容及び金額並びに相手先の氏名（名称）が明記された領収書等の写し等

【図表 5-3　教育訓練費の明細書（イメージ）】

No.	実施時期	内容及び実施期間	受講者	支払証明	支払額(税抜)
1	令和×年×月	AI 技能研修／5日間	従業員 X	領収書（添付1）	×××
2	令和×年×月	管理職マネジメント／2日間	従業員 Y	領収書（添付2）	×××
3	令和×年×月	OA スキルアップ研修／3日間	従業員 Z	領収書（添付3）	×××
⋮	⋮	⋮	⋮	⋮	⋮
				合計	×××

　教育訓練費を集計するためには、新たに「教育訓練費」や「教育研修費」などの名称を付した勘定科目を作成し集計しやすくしておき、**【図表 5-3】**の合計金額と損益計算書上の残高とを一致させておくとよいでしょう。また、勘定科目で集計しておくと、総勘定元帳を閲覧することでその内容の確認も簡単に行うことができます。

2 くるみん認定による上乗せ措置（上乗せ要件②）

　賃上げ促進税制における新たな税額控除割合の上乗せ措置の適用を受けるための認定制度として「仕事と子育ての両立支援の取組」に対するくるみん認定やくるみんプラス認定のほか、より高い水準の取組みが進んでいるプラチナくるみん認定やプラチナくるみんプラス認定（特例認定）があります。

1 各賃上げ促進税制における上乗せ措置

　中小企業向け賃上げ促進税制における仕事と子育ての両立支援の取組みによる税額控除割合の上乗せ措置は、適用年度においてくるみん認定又はくるみんプラス認定を受けたこと（措法42の12の5③三イ）、あるいは適用年度終了の時点でプラチナくるみん認定又はプラチナくるみんプラス認定を受けていること（同法③三ロ）を要件として、税額控除割合に対し5％上乗せすることができます。なお、後述 3 の認定を受けている場合にはそのどちらかで上乗せ措置が適用されます。

　そして、全企業向け賃上げ促進税制と中堅企業向け賃上げ促進税制においては、どちらも適用年度終了の時点でプラチナくるみん認定又はプラチナくるみんプラス認定を受けていることが要件となります。この要件をクリアすれば、税額控除割合に対し5％上乗せすることができますが、中小企業向け賃上げ促進税制と同じく、後述 3 の認定を受けている場合にはそのどちらかで税額控除割合につき5％が上乗せされます（措法42の12の5①三イ、同②三イ）。

認定と上乗せ措置の適用のタイミングに注意

　中小企業向け賃上げ促進税制では、特例認定に至らなくてもその下位の認定ともいえる、くるみん認定やくるみんプラス認定を受けた場合には、くるみん認定による上乗せ措置の適用を受けることができます。一方、その上位の認定となるプラチナくるみん認定やプラチナくるみんプラス認定の受けている場合にもくるみん認定

による上乗せ措置が受けられますが、これらの違いは、前者は適用年度において認定を受けた場合に限定されているのに対し、後者は適用年度終了の時において認定を受けているかどうかで判定します。つまり、前者は認定を受けた事業年度のみ上乗せ措置が適用できるのに対し、後者は特例認定を受け続けている以上は上乗せ要件を充足し続けることになります。

トライくるみん認定の場合の適用の可否について

令和4年4月1日より、くるみん認定及びプラチナくるみん認定の認定基準等が引き上げられたことに伴い、その改正前のくるみん認定の認定基準を引き継ぐ形でトライくるみん認定が新設されました。トライくるみん認定を受けていれば、改正後の新基準のくるみん認定を経由することなく直接プラチナくるみん認定を申請することができますが、中小企業向け賃上げ促進税制の上乗せ要件に目を向けると、トライくるみん認定は対象とはしていません。中小企業庁が公表している賃上げ促進税制のパンフレットの注意書きでは、「くるみん認定及びくるみんプラス認定については、令和4年4月1日以降の基準を満たしたくるみん認定を取得した場合に限り、適用可能」とされている点からすれば、くるみん認定の旧基準を引き継いだトライくるみん認定は対象外ということになります。

(プラチナ) くるみんプラス認定とは

令和4年4月1日からの認定制度の改正により、上記のとおり、新たにトライくるみん認定が創設されたことに加え、(プラチナ) くるみんプラス認定も新設されました。「プラス」の認定制度は、くるみん、プラチナくるみん、トライくるみんの一類型として、不妊治療と仕事を両立しやすい職場環境整備に取り組む企業の認定制度になります。

2 くるみん認定の概要

くるみん認定は、次世代育成支援対策推進法（以下、この章では「次世代法」といいます）に基づき、一般事業主行動計画を策定した企業のうち、その行動計画に定めた目標を達成するなど一定の要件を満たした上で申請を行うことで、「子育て

サポート企業」として厚生労働大臣より認定を受けることができます。そしてさらにより高い水準の取組みを目指す企業に対しては、一定の要件を満せばプラチナくるみん認定として特例認定を受けることができます。

次世代法は、次代の社会を担う子どもが健やかに生まれ、育成される環境を整備するため、平成17年（2005年）4月1日から10年間の時限立法として施行されましたが、改正によりさらにその期限が10年間延長されています。

この次世代法では、従業員の仕事と子育てに関する「一般事業主行動計画」を策定することとされており、常時雇用する従業員が101人以上の企業は、当該行動計画を策定し、その旨を各都道府県労働局に届け出ることが義務化されています。なお、当該従業員数が100人以下の企業については、努力義務となっています。

(1) 一般事業主行動計画の策定

くるみん認定における一般事業主行動計画（以下、「行動計画」といいます）とは、次世代法に基づき、従業員の仕事と子育ての両立を図るために策定する計画をいい、これを実現するため雇用環境の整備や、子育てをしていない従業員を含めた多様な労働条件の整備などに取り組むに当たり、計画時期や目標、そしてこれを達成するための対策の内容と実施時期を盛り込んだ行動計画になります。

なお、行動計画の策定からくるみん認定までの簡単な流れは、【図表5-4】のとおりです。

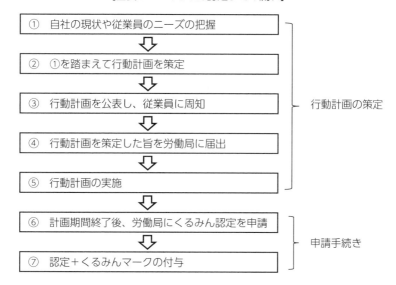

行動計画の策定に当たり、まずは自社の実情に即し、仕事と子育ての両立に当たって障害となっている事項や従業員のニーズを洗い出します。そしてこれらの課題をクリアするための目標を決定しますが、くるみん認定に向けては、育児休業期間の延長やフレックスタイムの導入など「行動計画策定指針」に掲げられた一定の事項を行動計画の中に1項目以上盛り込む必要があります。また、くるみん認定を受けるには、計画期間を2年以上5年以下に設定しておく必要があります。このように、くるみん認定を希望する場合には、計画内容が認定基準に合致するかどうか、都道府県労働局雇用環境・均等部（室）と相談しながら策定を進めるとよいでしょう。なお、行動計画は、厚生労働省のホームページにおいて各企業の実情に応じたさまざまなモデル行動計画がワード形式又はPDF形式で掲載されています。

そして、策定した行動計画は概ね3か月以内に厚生労働省が運営する「両立支援のひろば」への掲載や自社のホームページなどを使い一般公表します。また、企業内ネットワーク等を通じて従業員への周知を図るとともに、都道府県労働局雇用環境・均等部（室）に「一般事業主行動計画策定・変更届」を提出します。

こうした手続きを踏まえ、ようやく完成した行動計画に掲げた目標を達成するためそれぞれ対策に取り組んでいきます。

(2)(プラチナ)くるみん認定までの流れ

　ここまでが行動計画の策定から実施までの流れになりますが、賃上げ促進税制の優遇措置を受けるためには、「子育てサポート企業」として、厚生労働省(都道府県労働局長へ委任)からくるみん認定を受けます。

　くるみん認定は、策定した行動計画に定めた目標を達成するなど、10項目の認定基準を全て満たす必要があり、行動計画期間終了後に必要書類を添えて認定申請を行います。

　行動計画以外の認定基準の中には、女性労働者だけではなく男性労働者の育児休業等取得率が一定以上であることや、3歳から小学校就学前の子どもを育てる労働者について一定の措置を講じていること、法定時間外労働に関する制約などへの対応が求められています。

　さらに、賃上げ促進税制では一度取得すれば必ず税額控除割合の上乗せ措置を講じることができるプラチナくるみん認定を受けるためには、くるみん認定後の行動計画の期間終了後、12項目の特例認定基準を全て満たした場合に必要書類を添えて申請を行うことで、優良な「子育てサポート」企業として特例認定を受けることができます。

3 えるぼし認定による上乗せ措置（上乗せ要件②）

　賃上げ促進税制における新たなもう1つの税額控除割合の上乗せ措置として、「女性の活躍に関する取組」に対するえるぼし認定やプラチナえるぼし認定（特例認定）の取得があります。前述のとおり、新たな上乗せ措置は前述 2 の認定のどちらかを受けていれば適用することができます。

1 各賃上げ促進税制における上乗せ措置

　中小企業向け賃上げ促進税制における女性の活躍に関する取組みによる税額控除割合の上乗せ措置の適用は、適用年度においてえるぼし認定のうち2段階目以上の認定受けたこと（措法42の12の5③三ハ）、あるいは適用年度終了の時点でプラチナえるぼしを受けていること（同法③三ロ）が要件となります。これらの要件をクリアすれば税額控除割合に対し5％上乗せすることができますが、前述 2 の認定を受けている場合にはそのどちらかで上乗せ措置が適用されます。

　そして、全企業向け賃上げ促進税制においては、適用年度終了の時点でプラチナえるぼし認定を受けていることが要件となります（措法42の12の5①三ロ）。一方、中堅企業向け賃上げ促進税制では、適用年度においてえるぼし認定のうち3段階目の認定受けたこと（措法42の12の5②三ロ）、あるいは適用年度終了の時点でプラチナえるぼしを受けていること（同法②三ハ）を要件として、それぞれ税額控除割合に対し5％上乗せすることができます。なお、これまでと同じく、前述 2 の認定を受けている場合にはそのどちらかの認定制度を使って上乗せ措置を適用します。

えるぼし認定も上乗せ措置の適用のタイミングに注意

　中小企業向け賃上げ促進税制では、えるぼし認定（2段階目以上）を受けた場合には、えるぼし認定による上乗せ措置の適用を受けることができます。また、その

上位の認定となるプラチナえるぼし認定を受けている場合にもえるぼし認定による上乗せ措置が受けられますが、くるみん認定のケースと同じく、前者は適用年度において認定を受けた場合に限定されているのに対し、後者は適用年度終了の時において認定を受けているかどうかで判定します。つまり、前者は認定を受けた事業年度のみ上乗せ措置が適用できるのに対し、後者は特例認定を受け続けている以上は上乗せ要件を充足し続けることになりますが、こうした認定時期による上乗せ措置の可否の判定は、えるぼし認定の場合には、中堅企業向け賃上げ促進税制に対しても講じられているため、注意が必要です。

2 えるぼし認定の概要

　えるぼし認定は、女性の職業生活における活躍の推進の関する法律（以下、この章では「女性活躍推進法」といいます）に基づき、一般事業主行動計画を策定した企業のうち、女性の活躍推進に関する取組みへの実施状況を定期的に点検・評価することで、一定の評価基準を満たした数に応じて3段階のえるぼし認定を受けることができます。そして、一般事業主行動計画の目標達成や女性の活躍推進に関する取組みの実施状況が特に優良な企業に対しては、一定の要件を満すことで特例認定（プラチナえるぼし認定）を受けることができます。

　女性活躍推進法は、女性の個性と能力が十分に発揮できる社会を実現するため、平成28年（2016年）4月から施行されましたが、令和元年（2019年）5月に改正女性活躍推進法が成立し、令和2年（2020年）4月1日から順次施行されています。

　この女性活躍推進法では、自社の女性活躍に関する「一般事業主行動計画」（以下、「行動計画」といいます）を策定することとされており、常時雇用する従業員が101人以上の企業は、当該行動計画を策定し、その旨を各都道府県労働局に届け出ることと、女性の活躍に関する情報公表が義務化されています。

(1) 一般事業主行動計画の策定と情報公表

　えるぼし認定における行動計画とは、女性活躍推進法に沿って、女性社員の活躍に関する課題解決に相応しい数値目標とその達成に向けた取組みの目標を盛り込んだ計画をいい、これを実現するため、その計画時期や目標数値、そしてこれを達成

するための取組み内容と実施時期を行動計画に反映させます。

また、自社の女性の活躍に関する状況については、求職者等が容易に閲覧できるよう公表する必要があります。

なお、行動計画の策定からえるぼし認定までの簡単な流れは、【図表5-5】のとおりです。

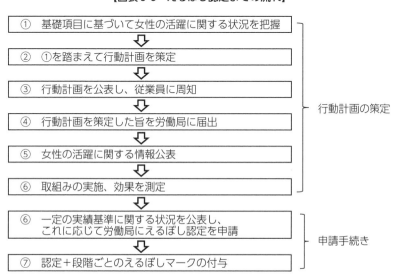

【図表5-5　えるぼし認定までの流れ】

えるぼし認定のために策定する行動計画には、自社の女性の活躍状況を基礎項目に基づいて把握し、課題を分析します。必ず把握しなければならない基礎項目は、次のとおりです。

○　雇用管理区分ごとの採用した労働者に占める女性労働者の割合
○　雇用管理区分ごとの男女の平均継続勤務年数の差異
○　管理職に占める女性労働者の割合
○　労働者の各月ごとの平均残業時間数等の労働時間の状況

これらを踏まえ行動計画を策定していきますが、その策定に当たっては、原則として、これらの基礎項目などを含む【図表5-6】に掲げる「女性労働者に対する職業生活に関する機会の提供」と「職業生活と家庭生活との両立に資する雇用環境の

第5章　教育訓練費とくるみん認定・えるぼし認定　107

整備」の区分ごとにそれぞれ1項目以上（合計では2項目以上ということになります）を選択し、それぞれ関連する数値目標を定めます。また、合わせて【図表5-6】に掲げる項目の中から1項目以上を選択し、厚生労働省が管理する「女性の活躍推進企業データベース」や自社のホームページなどにその情報を公表します。なお、項目によっては、雇用管理区分(正社員や契約社員、パートタイム労働者、事務職、技術職、専門職など、職種や資格、雇用形態、就業形態等）ごと、あるいは労働者派遣の役務提供を受ける場合には、派遣労働者を含めて分析又は公表を行う必要があります。

　策定した行動計画は、社内周知と外部公表をした上で、策定したことを都道府県労働局に届け出ます。そして、行動計画の策定・届出を行った事業主は、定期的に行動計画の数値目標やこれに基づく取組みの実施状況を評価していきます。

【図表5-6　行動計画の目標及び情報公表に関する事項】

女性労働者に対する職業生活に関する機会の提供	職業生活と家庭生活との両立に資する雇用環境の整備
○採用した労働者に占める女性労働者の割合 ○男女別の採用における競争倍率 ○労働者に占める女性労働者の割合 ○係長級にある者に占める女性労働者の割合 ○管理職に占める女性労働者の割合 ○役員に占める女性の割合 ○男女別の職種又は雇用形態の転換実績 ○男女別の再雇用又は中途採用の実績	○男女の平均継続勤務年数の差異 ○10事業年度前及びその前後の事業年度に採用された労働者の男女別の継続雇用割合 ○男女別の育児休業取得率 ○労働者の1月当たりの平均残業時間 ○有給休暇取得率

(2)（プラチナ）えるぼし認定までの流れ

　えるぼし認定は、行動計画の策定・届出を行った事業主のうち、女性の活躍推進に関する取組みの実施状況が優良であるなどの一定の要件を満たした場合に認定を受けます。そして、実施状況が優良であるかどうかの判定は、5つの「女性の職業生活における活躍の状況に関する実績に係る基準」をクリアしているかどうかによって行いますが、いくつクリアしているかにより、3段階でえるぼし認定が決定します。

　中小企業向け賃上げ促進税制において税額控除割合の上乗せ措置を受けるには2

段階目以上、中堅企業向け賃上げ促進税制では3段階目のえるぼし認定が要件となっていますが、認定の段階は【図表5-7】に応じて判定されます。

【図表5-7　えるぼし認定の段階】

段階	要件
3段階目 （3つ星）	○　「女性の職業生活における活躍の状況に関する実績に係る基準」の5つの評価項目全てを満たしていること ○　その実績を「女性の活躍推進企業データベース」に毎年公表していること
2段階目 （2つ星）	○　「女性の職業生活における活躍の状況に関する実績に係る基準」のうち、3つ又は4つの評価項目を満たしていること ○　その実績を「女性の活躍推進企業データベース」に毎年公表していること ○　満たさない項目につき、事業主行動計画策定指針に定められた取組みの中からその項目に関連するものを実施し、その実施状況について「女性の活躍推進企業データベース」に公表するとともに、2年以上連続してその実績が改善していること
1段階目 （1つ星）	○　「女性の職業生活における活躍の状況に関する実績に係る基準」のうち、1つ又は2つの評価項目を満たしていること ○　その実績を「女性の活躍推進企業データベース」に毎年公表していること ○　満たさない項目につき、事業主行動計画策定指針に定められた取組みの中からその項目に関連するものを実施し、その実施状況について「女性の活躍推進企業データベース」に公表するとともに、2年以上連続してその実績が改善していること

「女性の職業生活における活躍の状況に関する実績に係る基準」（5項目）

　女性の活躍推進に関する取組みの実施状況が優良かどうかの判定基準となる5つの「女性の職業生活における活躍の状況に関する実績に係る基準」は次のとおりです。

1. 採用（次のいずれかに該当すること）
   ○ 男女別の採用における競争倍率が同程度であること
   ○ 直近の事業年度において、正社員に占める女性労働者の割合が産業ごとの平均値（厚生労働省雇用環境・均等局長が別に定める産業ごとの平均値をいいます。以下同じ）以上で、正社員の基幹的な雇用管理区分における女性労働者の割合が産業ごとの平均値以上であること
2. 継続就職（次のいずれかに該当すること）
   ○ 直近の事業年度において、雇用管理区分ごとにそれぞれ女性労働者の平均継続勤務年数が、男性労働者の平均継続勤務年数の7割以上であること。
   ○ 直近の事業年度において、雇用管理区分ごとにそれぞれ女性労働者の継続雇用割合が、男性労働者の継続勤務年数の8割以上であること
   なお、これらを算出することができない場合には、直近の事業年度において、正社員の女性労働者の平均継続勤務年数が産業ごとの平均値以上であれば可。
3. 労働時間等の働き方
   ○ 雇用管理区分ごとの労働者の法定時間外労働及び法定休日労働の合計時間数の平均が、直近の事業年度の各月ごとにすべて45時間未満であること
4. 管理職比率（次のいずれかに該当すること）
   ○ 直近の事業年度において、管理職に占める女性労働者の割合が産業ごとの平均値以上であること
   ○ 直近3事業年度の平均した1つの下位の職階から課長級に昇進した女性労働者の割合が、同じ条件での男性労働者の割合の8割以上であること
5. 多様なキャリアコース
   ○ 直近の3事業年度のうち、以下の項目を常時雇用する労働者数が301人以上の事業主は2項目以上、それ以下の事業主は1項目以上の実績を有すること
   ア．女性の非正社員から正社員への転換
   イ．女性労働者のキャリアアップに資する雇用管理区分間の転換
   ウ．過去に在籍した女性の正社員としての再雇用
   エ．概ね30歳以上の女性の正社員としての採用

　さらに、えるぼし認定を受けた事業主のうち、行動計画の目標達成や女性の活躍推進に関する取組みの実施状況が特に優良であるなど、一定の要件を満たす場合には、プラチナえるぼし認定を受けることができます。

（ プラチナえるぼし認定の主な基準 ）

　特例認定となるプラチナえるぼし認定の主な基準は、次のとおり、さらに高いハードルをクリアする必要があります。

- ○　事業主行動計画策定指針に即して適切な行動計画を策定し、策定した行動計画に基づく取組みを実施し、当該行動計画に定めた目標数値を達成したこと
- ○　男女雇用機会均等推進者、職業家庭両立推進者を選任し、その選任状況を「女性の活躍推進企業データベース」に毎年公表していること
- ○　(えるぼし認定よりも基準が高い一定の)「女性の職業生活における活躍の状況に関する実績に係る基準」の5つの項目全てを満たし、その実績を「女性の活躍推進企業データベース」に毎年公表していること
- ○　女性活躍推進法に基づく情報公開項目(社内制度の概要部分を除く)のうち、8項目以上を毎年「女性の活躍推進企業データベース」に公表していること

　各種くるみん認定や各種えるぼし認定までの手続きの詳細は、厚生労働省・都道府県労働局(雇用環境・均等部(室))が作成する「次世代育成支援対策推進法に基づく一般事業主行動計画を策定し、くるみん認定・トライくるみん認定 プラチナくるみん認定を目指しましょう」又は「女性活躍推進法に基づくえるぼし認定 プラチナえるぼし認定のご案内」をご参照ください。

第 6 章

賃上げ促進税制の適用事例

第6章では、中小企業向け賃上げ促進税制を中心に、その適用までの流れについて事例を使いながら確認していきます。

　中小企業向け賃上げ促進税制では、雇用者給与等支給額が前年度よりも増加しているかどうかで、まずは第一段階として適用の可否を判断することができます。そしてこれをクリアしたならば、今度は雇用者給与等支給増加割合がどれくらいかによって最終的に適用の可否を確定し、合わせてその増加割合による税額控除割合の割増要件をクリアするかどうかも判定することができます。

　そこで、ここでは雇用者給与等支給額の実務的な集計方法とその計算過程を中心に確認していきながら、適用年度の法人税額から控除することができる当該税制の特別控除額を計算していくとともに、賃上げ促進税制の適用を受けるための別表6（24）及び別表6（24）付表1の記載方法も確認することにします。なお、本章の各事例においては、地方拠点強化税制における雇用促進税制の適用は受けないものとして別表6（24）付表2の記載内容の確認は省略します。

1 事例1 役員報酬が区分されている場合の雇用者給与等支給額

　株式会社A（以下、「A社」といいます）は、小売業を営む、資本金1,000万円、役員1人及び従業員5人（正社員2人とパート3人で、役員の特殊関係者はいません）の零細企業で租税特別措置法上の中小企業者等（青色申告法人で、株主には大規模法人はおらず、また適用除外事業者にも該当しません）に該当します。

　また、当期（自×1年4月1日至×2年3月31日）及び前期（自×0年4月1日至×1年3月31日）の損益計算書（抜粋）は【図表6-1】のとおりで、当期の別表1「2」欄に計上された調整前法人税額の金額は、250,000円です。

【図表6-1　A社の当期及び前期の損益計算書（抜粋）】

<u>損益計算書</u>　＜当期＞
　　自　×1年4月1日
　　至　×2年3月31日
　　・
　　・
　　・

【販売費及び一般管理費】
　役　員　報　酬　　　6,000,000
　給　与　手　当　　 12,000,000
　賞　　　　　与　　　1,000,000
　　・
　　・
　　・

<u>損益計算書</u>　＜前期＞
　　自　×0年4月1日　　（単位：円）
　　至　×1年3月31日
　　・
　　・
　　・

【販売費及び一般管理費】
　役　員　報　酬　　　6,000,000
　給　与　手　当　　 12,000,000
　賞　　　　　与　　　　800,000
　　・
　　・
　　・

　なお、A社では、当期、前期（いずれも令和6年4月1日以後開始の事業年度で、以下、本章において同じ）ともに従業員等の給与等に充てるため他の者から支払を受ける金額はありません。また、当期中に教育訓練費の支出はなく、一般事業主行動計画の届出等も行ったことはありません。そして、A社はこれまで中小企業向け賃上げ促進税制の適用を受けたことはなく、中小企業向け賃上げ促進税制以外の税額控除制度の適用は当期にはありません。

1　適用の可否と税額控除額の計算過程

(1) 適用の可否の判定

① （当期）雇用者給与等支給額
= 12,000,000 円（P/L「給与手当」）+ 1,000,000 円（P/L「賞与」）= 13,000,000 円

② （前期）雇用者給与等支給額
= 12,000,000 円（P/L「給与手当」）+ 800,000 円（P/L「賞与」））= 12,800,000 円

③　雇用者給与等支給増加割合 =（①−②）／② = 1.56……%

④　③≧ 1.5%より、中小企業向け賃上げ促進税制の適用あり

(2) 中小企業向け賃上げ促進税制による税額控除額

⑤　雇用者給与等支給増加額 = ①−② = 200,000 円
（= 調整雇用者給与等支給増加額 = 控除対象雇用者給与等支給増加額）

⑥　1.5%≦雇用者給与等支給増加割合（=③）< 2.5%、
かつ、その他の上乗せ要件も満たさないため、税額控除割合 = 15%

⑦　中小企業者等税額控除限度額 = ⑤×⑥ = 30,000 円

⑧　控除上限額 = 250,000 円（調整前法人税額）× 20% = 50,000 円

⑨　当期税額控除額 = 30,000 円（∵⑦<⑧）

2　計算の解説と別表作成

　雇用者給与等支給額とは、適用年度の所得の金額の計算上、損金の額に算入される全ての国内雇用者に対する給与等の支給額をいいます。そして、国内雇用者とは、法人の使用人のうちパート、アルバイト、日雇い労働者等を問わず賃金台帳に記載された者をいいます。

　本事例のように、損益計算書上で役員に対する給与を「役員報酬」として従業員に対する給与と区分して会計処理をしている場合には、損益計算書上の「給与手当」及び「賞与」（以下、「「給与手当」等」といいます）の金額を集計すれば、当期及び前期の雇用者給与等支給額のベースとなる国内雇用者に対する給与等の支給額を容易に把握することができます。

損益計算書上の「給与手当」等の合計が、国内雇用者に対する給与等の支給額として間違いがないかどうかは、各従業員の毎月の賃金台帳を地道に集計していけばチェックすることができます。A社は零細企業で従業員数も少ないため、この方法によって整合性を確認することはそれほど煩雑なことではないでしょう。

　但し、本事例では、別の切り口で損益計算書に計上された「給与手当」等の合計をそのまま別表に計上すべき国内雇用者に対する給与等の支給額として反映しても問題がないかどうかチェックしてみます。その方法の1つとして活用するのが一人別の源泉徴収簿になります。しかし、源泉徴収簿は年間の給与や賞与の金額を一覧で把握することができても暦年表示になるため、A社のような12月決算以外の法人の場合には、【図表6-2】のように、×1年度の源泉徴収簿と×2年度の途中までの2年度分の源泉徴収簿を準備します。

【図表6-2　P氏（A社）の源泉徴収簿】

区分	月区分	支給月日	総支給金額	社会保険料等の控除額	社会保険料等控除後の給与等の金額	扶養親族等の数	算出税額	年末調整による過不足税額	差引徴収税額
給与手当等	1	1/25	400,000円	×××円	×××円	×人	×××円	円	×××
	2	2/25	400,000	×	×	×	×		×××
	3	3/25	400,000	×	×	×	×		×××
	4	4/25	400,000	×	×	×	×		×××
	5	5/25	400,000	×	×	×	×		×××
	6	6/25	400,000	×	×	×	×		×××
	7	7/25	400,000	×	×	×	×		×××
	8	8/25	400,000	× →転記	×	×	×		×××
	9	9/25	400,000	×	×	×	×		×××
	10	10/25	400,000	×	×	×	×		×××
	11	11/25	400,000	×	×	×	×		×××
	12	12/25	400,000	×	×	×	×	△×××	△×××
	計		① 4,800,000	② ×××	×××		③ ×××		
賞与等	7	7/25	250,000	× →転記	×××		（税率××％）×××		×××
	12	12/10	250,000	×	×××		（税率××％）×××		×××
							（税率　％）		
							（税率　％）		
	計		④ 500,000	⑤ ×××	×××		⑥		×××

×1年分　給与所得に対する源泉徴収簿

第6章　賃上げ促進税制の適用事例　117

区分	月区分	支給月日	総支給金額	社会保険料等の控除額	社会保険料等控除後の給与等の金額	扶養親族等の数	算出税額	年末調整による過不足税額	差引徴収税額
×2年分 給与・手当等	1	1.25	400,000円	×××円	×××円	×人	×××円	円	×××円
	2	2.25	400,000	×××	×××	×	×××		×××
	3	3.25	400,000	×××	×××	×	×××		×××
	4	4.25	400,000	×××	×××	×	×××		×××
	5								
	6								
	7								
	8								
	9								
	10								
	11								
	12								
	計		①	②			③		
賞与等							(税率　％)		
							(税率　％)		
							(税率　％)		
							(税率　％)		
	計		④	⑤			⑥		

→転記

給与所得に対する源泉徴収簿

【図表6-2】は、一例としてA社に勤務するP氏の源泉徴収簿になりますが、そこに表示されている「総支給金額」欄の各月の金額を【図表6-3】のような一覧表に転記していきます。同じようにA社全ての従業員についても2年度分の源泉徴収簿を使って一覧表に転記していきますが、給与ソフトによっては各人の給与等の支給額をエクセル等に落とし込めるものもあるため、こうした機能を使えば従業員が多い法人でも効率よく集計することができるでしょう。

【図表6-3　P/Lと雇用者給与等支給額との整合性のチェック】

	P氏	Q氏	R氏	S氏	T氏
×1.4	400,000	400,000	50,000	70,000	80,000
×1.5	400,000	400,000	50,000	70,000	80,000
×1.6	400,000	400,000	50,000	70,000	80,000
×1.7	400,000	400,000	50,000	70,000	80,000
×1.8	400,000	400,000	50,000	70,000	80,000
×1.9	400,000	400,000	50,000	70,000	80,000
×1.10	400,000	400,000	50,000	70,000	80,000
×1.11	400,000	400,000	50,000	70,000	80,000
×1.12	400,000	400,000	50,000	70,000	80,000
×2.1	400,000	400,000	50,000	70,000	80,000
×2.2	400,000	400,000	50,000	70,000	80,000
×2.3	400,000	400,000	50,000	70,000	80,000
賞与（×1.7）	250,000	250,000			
賞与（×1.12）	250,000	250,000			
（合計）	5,300,000	5,300,000	600,000	840,000	960,000

国内雇用者に対する給与等の支給額　⇒　13,000,000 ……(A)
P/L「給与手当」　＝　12,000,000
P/L「賞与」　＝　1,000,000
（合計）　＝　13,000,000 ……(B)
(A) − (B) ＝ 0
((A) ＝ (B) より、差額なし) → OK

　いずれにしても、各従業員に支給した給与や賞与の金額を一覧表に落とし込むことができれば、**【図表6-3】(A)** のように、これらの金額を合計します。結果、これらの合計額と損益計算書を通じて損金処理された「給与手当」等の合計（＝**【図表6-3】(B)**）が一致すれば、損益計算書上の「給与手当」等の合計を国内雇用者に対する給与等の支給額としてそのまま別表に反映させることができます。なお、A社は前期に中小企業向け賃上げ促進税制の適用を受けていないため、前期分の損益計算書とこれに対応する源泉徴収簿を使って同じ工程で前期分の一覧表を完成させておきます。

　こうして、損益計算書上の「給与手当」等の金額と国内雇用者に対する給与等の支給額とが整合すれば、これらの金額を使って中小企業向け賃上げ促進税制の適用の可否と税額控除額の計算へと進んでいきます。

(1) 国内雇用者に対する給与等の支給額と雇用者給与等支給額の計算

　まず、中小企業向け賃上げ促進税制を適用する上で最も重要な要素となる雇用者給与等支給額の計算から始めていきます。

A社では、【図表6-1】のとおり、役員報酬を従業員への給与とは別建てで会計処理をしており、また、従業員の中にもこれらの役員と特殊の関係がある者がいないため、当期の国内雇用者に対する給与等の支給額は、単純に当期の損益計算書に計上された「給与手当」と「賞与」を合計した金額になります。会計処理の中で、毎月、賃金台帳をベースに給与を計上しているのであれば、これをもって国内雇用者に対する給与等の支給額として確定しても、恐らく問題はないでしょう。しかし、本当にこれで大丈夫なのかという不安を払拭するため、念のために損益計算書上の「給与手当」等の合計が賃金台帳としっかり整合しているかどうかを確認しておきます。そのアイテムの1つが【図表6-3】の一覧表です。

　それでは、実際に確認してみます。【図表6-1】より、A社の当期の損益計算書に計上されている「給与手当」は12,000,000円、「賞与」は1,000,000円ですので、損益計算書ベースでの国内雇用者に対する給与等の支給額は、その合計13,000,000円になります。一方、当期の事業年度に対応する各月の給与等について源泉徴収簿から抽出したA社のそれぞれの従業員の給与等は、【図表6-3】より、P氏5,300,000円、Q氏5,300,000円、R氏600,000円、S氏840,000円そしてT氏960,000円で、【図表6-3】(A)のとおり、賃金台帳ベースでの国内雇用者に対する給与等の支給額も13,000,000円になります。

　そして、A社では、給与等に充てるため他の者から支払を受ける金額に相当するものを受けてないため、ここで確定した国内雇用者に対する給与等の支給額に対して特に調整するような要素はなく、これがそのまま当期の雇用者給与等支給額となります。

　なお、ここでもしA社が、給与等に充てるため他の者から支払を受ける金額として雇用調整助成金などの雇用安定助成金額の交付を受けていたとしても、この段階では雇用者給与等支給額の計算には反映させません。

　また、A社では前期に中小企業向け賃上げ促進税制の適用を受けていないため、前事業年度の雇用者給与等支給額である比較雇用者給与等支給額の計算に当たっては、同じプロセスで計算を進めていきます。ここで、損益計算書ベースで金額を算定しておくと、【図表6-1】より、「給与手当」12,000,000円と「賞与」800,000円の合計12,800,000円になります。

(2) 雇用者給与等支給増加割合の計算

　中小企業向け賃上げ促進税制の適用を受けることができるかどうかは雇用者給与等支給増加割合によって決定されます。雇用者給与等支給増加割合とは、次の算式で表すとおり、雇用者給与等支給額からその比較雇用者給与等支給額を控除した金額のうち、その比較雇用者給与等支給額に対する割合をいいます。

$$\text{雇用者給与等支給増加割合} = \frac{\text{雇用者給与等支給額} - \text{比較雇用者給与等支給額}}{\text{比較雇用者給与等支給額}}$$

　この雇用者給与等支給増加割合が1.5％以上であれば、中小企業向け賃上げ促進税制を適用することができます。

　(1) のとおり、雇用者給与等支給額は13,000,000円、比較雇用者給与等支給額は12,800,000円であり、これらを使ってA社の当期における雇用者給与等支給増加割合を計算すると、次のとおりとなります。

$$\text{雇用者給与等支給増加割合} = \frac{13,000,000円（雇用者給与等支給額） - 12,800,000円（比較雇用者給与等支給額）}{12,800,000円（比較雇用者給与等支給額）} = 1.56\cdots\cdots\% \geq 1.5\%$$

　計算の結果、雇用者給与等支給増加割合は1.56……％となり、1.5％以上になるため、A社は当期に中小企業向け賃上げ促進税制の適用を受けることができます。

(3) 控除対象雇用者給与等支給増加額の計算

　A社が中小企業向け賃上げ促進税制を適用できることが分かれば、ここからは少し頭を切り替えて、特別控除額の計算へと進んでいきます。

　当期の法人税額から控除することができる税額控除限度額（中小企業向け賃上げ促進税制の場合には、これを「中小企業者等税額控除限度額」といいます）の計算は、次の算式のとおり、控除対象雇用者給与等支給増加額に税額控除割合を乗じて計算します。

$$\text{中小企業者等税額控除限度額} = \text{控除対象雇用者給与等支給増加額} \times \text{税額控除割合}$$

　まずは、その計算要素の1つ、控除対象雇用者給与等支給増加額を算定します。控除対象雇用者給与等支給増加額は、雇用者給与等支給額から比較雇用者給与等支

給額を控除して求めます。

　A社では、雇用安定助成金額を含め給与等に充てるため他の者から支払を受ける金額はないため、**(1)** で算定した雇用者給与等支給額を特に調整する必要はありません。なお、ここでもしA社がその給与等に充てるため他の者から支払を受ける金額のうち雇用安定助成金額を受給していたならば、**(2)** 雇用者給与等支給増加割合の計算のケースとは異なり、ここでの雇用者給与等支給額からはその雇用安定助成金額を控除して一定の手続きを踏まなければなりません。このケースは**事例3**で確認しますが、**(3)** の冒頭で頭を切り替えてと記したのは、こうした部分になります。

　結局A社は、雇用安定助成金額も含め給与等に充てるため他の者から支払を受ける金額に相当するものは受けていないため、控除対象雇用者給与等支給増加額は、次のとおり、単純に **(1)** で算定した雇用者給与等支給額から比較雇用者給与等支給額を控除した 200,000 円になります。

控除対象雇用者給与等支給増加額 ＝ 　13,000,000円　　－　　12,800,000円　　＝ 200,000円
　　　　　　　　　　　　　　　　　（雇用者給与等支給額）　（比較雇用者給与等支給額）

---

(4) 税額控除割合の決定と中小企業者等税額控除限度額の計算

　次に、中小企業者等税額控除限度額を算定するためのもう１つの計算要素である税額控除割合を決定します。中小企業向け賃上げ促進税制では**【図表2-2】**（再掲）のように、雇用者給与等支給増加割合に応じて上乗せ措置が講じられています。

【図表2-2　雇用者給与等支給増加割合による税額控除割合】

	適用要件	税額控除割合
＜通常要件＞	雇用者給与等支給額が、前事業年度と比べて1.5％以上増加	15％
＜割増要件＞	雇用者給与等支給額が、前事業年度と比べて2.5％以上増加	＋15％

　しかし、当期のA社の雇用者給与等支給増加割合は、**(2)** のとおり1.56……％

となったため、【図表 2-2】に掲げる＜割増要件＞のための 2.5％ 以上をクリアできず、＜通常要件＞のみの税額控除割合ということになります。

また、A社は当期に教育訓練費の支出もなく、一般事業主行動計画の届出等も行っていないため、教育訓練費の増加による「上乗せ要件①」や、くるみん認定又はえるぼし認定による「上乗せ要件②」も満たしていません。

これらを勘案すると、A社が当期の中小企業向け賃上げ促進税制において適用できる税額控除割合は、＜通常要件＞のみの「15％」となります。

よって、A社の当期における中小企業者等税額控除限度額は、次のとおり、(3) で算定した控除対象雇用者給与等支給増加額に、ここで決定した税額控除割合を乗じた 30,000 円になります。

```
中小企業者等       ＝    200,000円        ×    15％      ＝  30,000円
税額控除限度額       （控除対象雇用者給与等支給増加額）  （税額控除割合）
```

(5) 控除上限額の計算

中小企業向け賃上げ促進税制によって適用年度の法人税額から控除できる税額は、その適用年度の調整前法人税額（法人税申告書別表１「2」欄に掲げる金額）の 20％相当額が上限です。

A社の当期の調整前法人税額は 250,000 円であるため、次の計算のとおり、控除上限額は 50,000 円になります。

```
  控除上限額      ＝    250,000円       ×    20％     ＝  50,000円
（当期税額基準額）       （調整前法人税額）
```

(6) 税額控除額の計算

最後に、(4) で計算した中小企業者等税額控除限度額と (5) で計算した控除上限額を比較していずれか少ない金額が当期の税額控除可能額ということになりますが、A社ではこの制度以外に適用できる税額控除額はないため、(4) ＜ (5) より、A社の当期税額控除額は、30,000 円となります。

なお、中小企業向け賃上げ促進税制においては、仮にここで (4) ＞ (5) となった

場合には、令和6年度税制改正により (4) − (5) の差額部分を繰越税額控除限度超過額として翌期以降に繰り越すことができるようになりました。

また、本事例のように (4) ＜ (5) となった場合で、前期以前に適用した中小企業向け賃上げ促進税制の中で繰越税額控除限度超過額が生じているときは、この前期以前からの繰越税額控除限度超過額を、当期の控除上限額に達するまで、その税額控除額に追加することができます。

(7) 別表6（24）と付表1の作成の流れ

ここまでのとおり、A社は当期において中小企業向け賃上げ促進税制による税額控除の適用を受けることができます。この税額控除を受けるためには、法人税の申告において別表6（24）の添付が適用要件となり、またこれには当初申告要件が設定されています。

そこで、ここからは、別表6（24）とこれを作成するための基礎資料となる別表6（24）付表1（以下、本章では「付表1」といいます）の記載方法について確認しておきます。

まずは、A社の当期における別表6（24）と付表1をみてみると、【図表6-4】のとおりとなりますが、ここまでの計算の過程が、それぞれの別表に反映されていることが分かるはずです。

【図表6-4 A社の別表6（24）付表1及び別表6（24）】

給与等支給額、比較教育訓練費の額及び翌期繰越税額控除限度超過額の計算に関する明細書

| 事業年度 | ×1.4.1
×2.3.31 | 法人名 | 株式会社A |

別表六(二十四)付表一 令六・四・一以後終了事業年度分

❶ 雇用者給与等支給額及び調整雇用者給与等支給額の計算

国内雇用者に対する給与等の支給額	(1)の給与等に充てるため他の者から支払を受ける金額	(2)のうち雇用安定助成金額	雇用者給与等支給額 (1)－(2)＋(3) （マイナスの場合は0）	調整雇用者給与等支給額 (1)－(2) （マイナスの場合は0）
1	2	3	4	5
13,000,000 円	円	円	13,000,000	13,000,000

❷ 比較雇用者給与等支給額及び調整比較雇用者給与等支給額の計算

前事業年度	国内雇用者に対する給与等の支給額	(7)の給与等に充てるため他の者から支払を受ける金額	(8)のうち雇用安定助成金額	適用年度の月数 (6)の前事業年度の月数
6	7	8	9	10
×0.4.1 ×1.3.31	12,800,000 円	円	円	12/12

❸

| 比較雇用者給与等支給額
((7)－(8)＋(9))×(10)
（マイナスの場合は0） | 11 | 12,800,000 円 |
| 調整比較雇用者給与等支給額
((7)－(8))×(10)
（マイナスの場合は0） | 12 | 12,800,000 |

継続雇用者給与等支給額及び継続雇用者比較給与等支給額の計算

		継続雇用者給与等支給額の計算	継続雇用者比較給与等支給額の計算
		適用年度 ①	前事業年度 ②	前一年事業年度特定期間 ③
事業年度等	13			
継続雇用者に対する給与等の支給額	14	円	円	円
同上の給与等に充てるため他の者から支払を受ける金額	15			
同上のうち雇用安定助成金額	16			
差引 (14)－(15)＋(16)	17			
適用年度の月数 (13の③)の月数	18			
継続雇用者給与等支給額及び継続雇用者比較給与等支給額 (17)又は((17)×(18))	19			円

比較教育訓練費の額の計算

事業年度	教育訓練費の額	適用年度の月数 (20)の事業年度の月数	改定教育訓練費の額 (21)×(22)
20	21	22	23
調整対象年度	・ ・ ・ ・ ・ ・	円	───	円
計			

| 比較教育訓練費の額
(23の計)÷調整対象年度数 | 24 | |

翌期繰越税額控除限度超過額の計算

事業年度	前期繰越額又は当期税額控除限度額 25	当期控除可能額 26	翌期繰越額 (25)－(26) 27
・ ・	円	円	外 円
・ ・			外
・ ・			外
・ ・			外
・ ・			外
・ ・			外
・ ・			外
・ ・			外
・ ・			外
計		別表六(二十四)「48」	
当期分	別表六(二十四)「40」	別表六(二十四)「43」	外
合計			

第6章 賃上げ促進税制の適用事例　125

給与等の支給額が増加した場合の法人税額の特別控除に関する明細書

事業年度	×1・4・1 〜 ×2・3・31	法人名	株式会社A

別表六(二十四) 令六・四・一以後終了事業年度分

期末現在の資本金の額又は出資金の額	1	10,000,000 円	適用可否 3 可
期末現在の常時使用する従業員の数	2	5 人	

法人税額の特別控除額の計算

雇用者給与等支給額（別表六(二十四)付表一「4」）	4	13,000,000 円
比較雇用者給与等支給額（別表六(二十四)付表一「11」）	5	12,800,000
雇用者給与等支給増加額 (4)−(5)（マイナスの場合は0）	6	200,000
雇用者給与等支給増加割合 (6)/(5)（(5)=0の場合は0）	7	0.0156…
調整雇用者給与等支給額（別表六(二十四)付表一「5」）	8	13,000,000 円
調整比較雇用者給与等支給額（別表六(二十四)付表一「12」）	9	12,800,000
調整雇用者給与等支給増加額 (8)−(9)（マイナスの場合は0）	10	200,000
継続雇用者給与等支給額（別表六(二十四)付表一「19の①」）	11	
継続雇用者比較給与等支給額（別表六(二十四)付表一「19の②」又は「19の③」）	12	
継続雇用者給与等支給増加額 (11)−(12)（マイナスの場合は0）	13	
継続雇用者給与等支給増加割合 (13)/(12)（(12)=0の場合は0）	14	
教育訓練費の額	15	円
比較教育訓練費の額（別表六(二十四)付表一「24」）	16	
教育訓練費増加額 (15)−(16)（マイナスの場合は0）	17	
教育訓練費増加割合 (17)/(16)（(16)=0の場合は0）	18	
雇用者給与等支給額比教育訓練費割合 (15)/(4)	19	
控除対象雇用者給与等支給増加額 (6)と(10)のうち少ない金額	20	200,000 円
雇用者給与等支給増加重複控除額（別表六(二十四)付表二「12」）	21	
差引控除対象雇用者給与等支給増加額 (20)−(21)（マイナスの場合は0）	22	200,000

税額控除限度額等の計算

令和6年3月31日以前に開始した事業年度の場合

第1項適用	(14)≧4%の場合 0.1	23
	(18)≧20%かつ(15)−(17)>0の場合 0.05	24
税額控除限度額 (22)×(0.15+(23)+(24))（(14)<0.03の場合は0）	25	円
第2項適用	(14)≧2.5%の場合 0.15	26
	(18)≧10%又は(15)−(17)>0の場合 0.1	27
中小企業者等税額控除限度額 (22)×(0.15+(26)+(27))（(7)<0.015の場合は0）	28	円

令和6年4月1日以後に開始する事業年度の計算

第1項適用	(14)≧4%の場合 (0.05、0.1又は0.15)	29
	(18)≧10%又は(15)=(17)>0の場合で、かつ、(19)≧0.05%の場合 0.05	30
	プラチナくるみん又はえるぼし を取得している場合	31
税額控除限度額 (22)×(0.1+(29)+(30)+(31))（(14)<0.03の場合は0）	32	円
	(14)≧4%の場合	33
	(18)≧10%又は(15)=(17)>0の場合で、かつ、(19)≧0.05%の場合 0.05	34
	プラチナくるみん又はえるぼし3段階以上を取得している場合	35
特定税額控除限度額 (22)×(0.1+(33)+(34)+(35))（(14)<0.03の場合は0）	36	円
第3項適用	(7)≧2.5%の場合 0.15	37
	(18)≧5%又は(15)=(17)>0の場合で、かつ、(19)≧0.05%の場合 0.1	38
	くるみん又はえるぼし2段階以上を取得している場合 0.05	39
中小企業者等税額控除限度額 (22)×(0.15+(37)+(38)+(39))（(7)<0.015の場合は0）	40	30,000 円

調整前法人税額（別表一「2」又は別表一の二「2」若しくは「13」）	41	250,000
当期税額基準額 (41)×20/100	42	50,000
当期税額控除可能額 ((25)、(28)、(32)、(36)又は(40))と(42)のうち少ない金額	43	30,000
調整前法人税額超過構成額（別表六(六)「8の⑱」）	44	
当期税額控除額 (43)−(44)	45	30,000
差引当期税額基準額残額 (42)−(43)	46	20,000
繰越税額控除限度超過額（別表六(二十四)付表一「25の計」）	47	
同上のうち当期繰越税額控除可能額 ((46)と(47)のうち少ない金額)（(4)≦(5)又は(5)=0の場合は0）	48	
調整前法人税額超過構成額（別表六(六)「8の⑰」）	49	
当期繰越税額控除額 (48)−(49)	50	
法人税額の特別控除額 (45)+(50)	51	30,000

それでは、具体的に各別表の記載内容を確認していきます。

　中小企業向け賃上げ促進税制に限らず、賃上げ促進税制の申告においては、まずは付表１から作成していくことになります。そこで、付表１の記載方法から確認していきます。

　付表１は、『給与等支給額、比較教育訓練費の額及び翌期繰越税額控除限度超過額の計算に関する明細書』という名称になりますが、Ａ社では教育訓練費による上乗せ措置の適用はないため、ひとまず付表１のうち「雇用者給与等支給額及び調整雇用者給与等支給額の計算」欄と「比較雇用者給与等支給額及び調整比較雇用者給与等支給額の計算」欄を作成していきます。

❶

　「１」欄〜「５」欄では、当期の雇用者給与等支給額を計算します。

　中小企業向け賃上げ促進税制では、雇用者給与等支給額と比較雇用者給与等支給額の算定が最大のポイントになるため、損益計算書との整合性を確認した資料を必ず作成しておくべきです。本事例では【図表6-3】がこれに当たりますが、ここで整理した当期の国内雇用者に対する給与等の支給額「13,000,000」円を「１」欄に転記します。

　そして、Ａ社では、従業員等への給与等の支給に対し、雇用安定助成金額も含め給与等に充てるため他の者から支払を受ける金額はなく「２」欄は空欄となり、まずは「５」欄の調整雇用者給与等支給額が「13,000,000」円となります。この「５」欄の金額は、控除対象雇用者給与等支給増加額の上限となる調整雇用者給与等支給増加額を計算するため別表６（24）「８」欄へと転記されていきます。また、雇用安定助成金額も受給していないため、「３」欄も空欄になり、「２」欄の金額も反映させて「４」欄の雇用者給与等支給額は「13,000,000」円となります。この「４」欄の金額も別表６（24）「４」欄へと転記されていきます。

❷

　「６」欄〜「10」欄には、前事業年度に関する情報を反映していきます。

　まず、「６」欄には、前期の事業年度を記載します。ここが当期の事業年度の月数と異なる場合には、比較雇用者給与等支給額の調整計算が必要になります。

そして、「7」欄~「9」欄で前事業年度分の雇用者給与等支給額を計算します。A社は前期に中小企業向け賃上げ促進税制の適用を受けていないため、**【図表6-3】**と同じような前期分の資料を作成して損益計算書との整合性を確認した上で、「7」欄には前期の損益計算書の「給与手当」と「賞与」を合計した「12,800,000」円を記載します。また、A社では、当期と同じように雇用安定助成金額も含め給与等に充てるため他の者から支払を受ける金額がないため、「8」欄と「9」欄は空欄になります。なお、「6」欄の事業年度の月数が6か月に満たない場合には「7」欄~「9」欄の外書きに前事業年度分を除く前1年事業年度のそれぞれの金額を記載します。

「10」欄のうち、分母には前期の事業年度の月数、分子には前期の当期の事業年度の月数をそれぞれ記載します。本事例では、分母も分子もどちらも「12」となります。

❸

比較雇用者給与等支給額や調整比較雇用者給与等支給額は、当期と前期とで事業年度の月数が異なれば調整計算が必要になりますが、この調整計算を行うのが「11」欄と「12」欄になります。本事例では、「10」欄より、当期も前期も事業年度は12か月で分母・分子ともに「12」となるため、結果として調整は不要ということになります。

なお、❷で、前期の事業年度の月数が6か月に満たないケースで「7」欄~「9」欄に外書きされるそれぞれの金額は、「11」欄と「12」欄の計算においては、それぞれ「7」欄~「9」欄の金額に加算します。

そして、ここで計算された「11」欄と「12」欄は、それぞれ別表6（24）「5」欄と「9」欄に転記されます。

❹

付表1を完成させたら続けて別表6（24）を作成していきます。法人税の申告に当たっては税務ソフトを使って申告書を作成していくことが一般的でしょう。その場合、付表1を作成すれば別表6（24）がほぼ完成しているケースが多いかもしれませんが、❹はしっかり確認しておきます。

「1」欄や「2」欄の数字によって、中小企業向け賃上げ促進税制の適用になるの

か、中堅企業向け賃上げ促進税制の適用になるのか、あるいは全企業向け賃上げ促進税制の適用になるのかが決まります。本事例では、「1」欄の資本金の額は「10,000,000」円、従業員の数は役員を除き「5」人となり、中小企業向け賃上げ促進税制の適用の判定として「3」欄は「可」となります。

なお、資本金の額等が1億円を超える大規模法人の子会社などになっているにもかかわらず税務ソフト上のその法人の基礎情報として中小企業者等を選択してしまっている場合には、自動的に中小企業向け賃上げ促進税制の適用が「可」と判定されてしまうため、要注意です。

❺

「4」欄～「7」欄では、雇用者給与等支給増加割合を計算します。ここは、中小企業向け賃上げ促進税制の適用要件をクリアしているかどうかの判定の箇所となります。

❶又は❸にあるとおり、「4」欄は付表1「4」欄の金額「13,000,000」円が転記され、「5」欄も付表1「11」欄の金額「12,800,000」円が転記されてきます。

そして、国内雇用者に対する給与等の支給額から控除されるべき給与等に充てるため他の者から支払を受ける金額のうち雇用安定助成金額は控除しないで計算した雇用者給与等支給額 13,000,000 円から同じ条件で計算をした比較雇用者給与等支給額 12,800,000 円の差額「200,000」円が雇用者給与等支給増加額として「6」欄に記載されます。

この「6」欄の雇用者給与等支給増加額 200,000 円を「5」欄の比較雇用者給与等支給額 12,800,000 円で割ると、雇用者給与等支給増加割合が 0.0156……（1.56……%）と計算できます。

❻

中小企業者等税額控除限度額の計算要素となる控除対象雇用者給与等支給増加額は、❺「6」欄で計算した雇用者給与等支給増加額と、この「8」欄～「10」欄で計算する調整雇用者給与等支給増加額のうちいずれか少ない金額になります。❺「6」欄の雇用者給与等支給増加額の計算では、国内雇用者に対する給与等の支給額から控除されるべき給与等に充てるため他の者から支払を受ける金額のうち雇用安定助

成金額は控除しませんでしたが、調整雇用者給与等支給増加額では国内雇用者に対する給与等の金額から雇用安定助成金額も含めた給与等に充てるため他の者から支払を受ける金額を控除します。

「8」欄と「9」欄は、❶又は❸にあるとおり、「8」欄は付表1「5」欄の金額「13,000,000」円が転記され、「9」欄も付表1「12」欄の金額「12,800,000」円が転記されてきます。

そして、調整雇用者給与等支給増加額「10」欄は、これら「8」欄から「9」欄を差し引いた「200,000」円となります。

❼

本事例では、中小企業向け賃上げ促進税制の適用を前提としているため、中堅企業向け賃上げ促進税制や全企業向け賃上げ促進税制のために作成する「11」欄〜「14」欄は記載不要です。また、A社では当期中に教育訓練費の支出はないため、「15」欄〜「19」欄は記載しません。

そして、「20」欄の控除対象雇用者給与等支給増加額については、雇用者給与等支給増加額のうち調整雇用者給与等支給増加額が上限となるため、「6」欄と「10」欄を比較していずれか少ない金額を選択します。A社は当期中に雇用安定助成金額を受給していないためどちらも同じ金額となり、「20」欄は「200,000」円となります。

また、「21」欄は、別表6（24）付表2で計算した雇用者給与等支給増加重複控除額を記載しますが、ここはいわゆる「地域拠点強化税制における雇用促進税制」の適用を同時に受ける場合に、これによって控除を受ける金額の計算の基礎となった従業員等に対する給与等の支給額として一定の部分は含めないこととされているため、その金額を控除します。但し、A社はこの制度も含め中小企業向け賃上げ促進税制以外に他の優遇税制を受けないため、空欄になります。

そして、「22」欄は、上記「20」欄から「21」欄を控除し、「200,000」円となります。

❽

当期及び前期は令和6年4月1日以後開始の事業年度であり、A社は中小企業

向け賃上げ促進税制の適用を選択しているため、これを規定している租税特別措置法42の12の5第3項による「第3項適用の場合」欄の「37」欄〜「40」欄の部分を使って中小企業者等税額控除限度額を計算します。

まず、「37」欄は、雇用者給与等支給増加割合が2.5％以上の場合の「割増要件」による上乗せ措置の適用があるときに、その上乗せ割合として「0.15」と記載する部分になります。しかし、A社の雇用者給与等支給増加割合は1.56……％であるため、これによる上乗せ要件はクリアできず、ここは空欄となります。

また、A社は当期中に教育訓練費の支出がなく、「上乗せ要件①」よる上乗せ措置の適用を受けることができません。また、これまで一般事業主行動計画の届出等を行ったことがないため、くるみん又はえるぼし関連の「上乗せ要件②」による上乗せ措置の適用も受けることができず、「38」欄、「39」欄ともに空欄となります。

よって、「40」欄の中小企業者等税額控除限度額は、「22」欄の差引控除対象雇用者給与等支給増加額200,000円に通常要件のみの税額控除割合0.15を乗じた「30,000」円（=200,000円×0.15）になります。

❾

「41」欄〜「45」欄では、ほぼ最終段階として当期税額控除額を計算します。

中小企業向け賃上げ促進税制における税額控除額は、その事業年度の調整前法人税額の20％相当が上限となります。そこで、「41」欄には、当期の法人税の申告書のうち別表1「2」欄に掲げられた調整前法人税額を転記します。A社の当期の調整前法人税額は「250,000」円であり、その20％相当額「50,000」円（= 250,000円×20％）を「42」欄に記載します。

そして、「43」欄には当期税額控除可能額として、本事例でいえば「40」欄と「42」欄のうちいずれか少ない金額を選択することになるため、「40」欄の「30,000」円を記載します。

なお、「44」欄の調整前法人税額超過構成額には、法人が一の事業年度において租税特別措置法における特別税額控除制度のうち2以上の規定の適用を受けている場合で、各制度における「当期税額控除可能額」の合計が当期の調整前法人税額の90％を超えるときは、その超える部分の金額については控除可能期間が最も長いものから順次控除しないものとして選択を受けた場合に記載することになりますが、

A社は中小企業向け賃上げ促進税制以外に他の優遇税制を受けないため、ここは空欄になります。

よって、「45」欄の当期税額控除額は、「43」欄から「44」欄を差し引いた金額「30,000」円となります。

❿

まず、「46」欄～「50」欄については、令和6年度税制改正によって賃上げ促進税制のうち中小企業向け賃上げ促進税制のみに認められた繰越税額控除制度を活用する部分になります。この部分については、**事例5**において確認しますが、「46」欄には「42」欄－「43」欄＝「20,000」円を記載しておきます。

本事例では前期以前からの中小企業向け賃上げ促進税制による繰越税額もなく、また、当期の中小企業者等税額控除限度額が控除上限額（調整前法人税額の20％相当額）を超えず次期以降に繰り越すことができる控除税額もないため、「47」欄～「50」欄は空欄となり、結果、A社が当期において適用を受ける中小企業向け賃上げ促進税制における法人税額の特別控除額は、「45」欄の当期税額控除額と同額の「30,000」円となり、これを「51」欄に記載します。

A社では、前期に比べ当期の給与等の金額は200,000円ほどしかアップしていませんが、雇用者給与等支給増加割合が1.5％以上となり、中小企業向け賃上げ促進税制の適用のための要件をクリアしました。このように、中小企業にとっては、当期の給与等の金額が前期の給与等の金額を上回ってさえいれば、中小企業向け賃上げ促進税制による税額控除の適用を受けることができる余地が十分にあり、それほど高くハードルが設定されているわけではないということが分かります。

また、**事例2**で取り上げますが、ベースアップや賞与の上げ幅によっては、雇用者給与等支給増加割合は意外にすんなりと2.5％を超え、税額控除割合による割増要件をクリアできてしまいます。

中小企業としては、こうしたインセンティブを積極的に活用していきたいものです。

2 事例2 役員及びその特殊関係者と雇用者給与等支給額

　株式会社B（以下、「B社」といいます）は、製造業を営む、資本金3,000万円、従業員30人（役員を除きます）の中小企業者等（青色申告法人で、株主には大規模法人はおらず、また適用除外事業者にも該当しません）に該当します。
　当期（自×1年4月1日至×2年3月31日）及び前期（自×0年4月1日至×1年3月31日）の損益計算書と製造原価報告書（抜粋）及びB社の役員とその家族の給与等に関する資料はそれぞれ【図表6-5】と【図表6-6】のとおりです。

【図表6-5　B社の当期及び前期の損益計算書と製造原価報告書（抜粋）】

```
損益計算書　＜当期＞              損益計算書　＜前期＞
　　　自　×1年4月 1日                   自　×0年4月 1日      （単位：円）
　　　至　×2年3月31日                   至　×1年3月31日
　　　・                                 ・
　　　・                                 ・
　　　・                                 ・

【販売費及び一般管理費】           【販売費及び一般管理費】
　役　員　報　酬　　26,400,000      役　員　報　酬　　26,400,000
　給　与　手　当　　70,000,000      給　与　手　当　　68,000,000
　賞　　　　　与　　12,000,000      賞　　　　　与　　10,000,000
　　　・                                 ・
　　　・                                 ・
　　　・                                 ・

製造原価報告書　＜当期＞           製造原価報告書　＜前期＞
　　　・                                 ・
　　　・                                 ・
　　　・                                 ・

【Ⅱ．労務費】                      【Ⅱ．労務費】
　賃　　　　　金　 180,000,000      賃　　　　　金　 175,000,000
　賞　　　　　与　　30,000,000      賞　　　　　与　　28,000,000
　　　・                                 ・
　　　・                                 ・
　　　・                                 ・
```

第6章　賃上げ促進税制の適用事例　*133*

【図表6-6　B社の役員及びその家族の給与等に関する事項】

（単位：円）

<当期>

氏名	役職	関係	報酬・給与
X	代表取締役		14,400,000
Y	専務取締役	Xの長男	12,000,000
Z	パート経理	Xの配偶者	1,200,000
M	営業部長	Xの二男	8,000,000
N	工場長	Xの三男	7,500,000

<前期>

氏名	役職	関係	報酬・給与
X	代表取締役		14,400,000
Y	専務取締役	Xの長男	12,000,000
Z	パート経理	Xの配偶者	1,200,000
M	営業部長	Xの二男	7,500,000
N	工場長	Xの三男	7,000,000

（※）Z、M、Nは、役員として登記されておらず、<当期>及び<前期>ともにX、Yに賞与は支給されていません。

　なお、B社では、当期、前期ともに従業員等の給与等に充てるため他の者から支払を受ける金額はありません。また、当期中に教育訓練費の支出はなく、これまで一般事業主行動計画の届出等を行ったこともありません。そして、B社は前期にも中小企業向け賃上げ促進税制の適用を受けていますが、当期に繰り越された控除額はなく、中小企業向け賃上げ促進税制以外の税額控除制度を当期に受ける予定はありません。

　また、当期の別表1「2」欄に計上された調整前法人税額の金額は、18,000,000円です。

1　適用の可否と税額控除額の計算過程

(1) 適用の可否の判定

① （当期）雇用者給与等支給額

= 70,000,000円（P/L「給与手当」）+ 12,000,000円（P/L「賞与」）+ 180,000,000円（C/R「賃金」）+ 30,000,000円（C/R「賞与」）- 1,200,000円（Z）- 8,000,000円（M）- 7,500,000円（N）= 275,300,000円

② （前期）雇用者給与等支給額

= 68,000,000円（P/L「給与手当」）+ 10,000,000円（P/L「賞与」）+ 175,000,000円（C/R「賃金」）+ 28,000,000円（C/R「賞与」）- 1,200,000円（Z）- 7,500,000円（M）- 7,000,000円（N）= 265,300,000円

③　雇用者給与等支給増加割合 = （①－②）／② = 3.76……%

④　③≧1.5%より、中小企業向け賃上げ促進税制の適用あり

134

(2) 中小企業向け賃上げ促進税制による税額控除額

⑤　雇用者給与等支給増加額＝①－②＝ 10,000,000 円
　　（＝調整雇用者給与等支給増加額＝控除対象雇用者給与等支給増加額）
⑥　雇用者給与等支給増加割合（＝③）≧ 2.5％ より、上乗せ措置あり
　　但し、その他の上乗せ措置の適用はなく、税額控除割合＝ 30％
⑦　中小企業者等税額控除限度額＝⑤×⑥＝ 3,000,000 円
⑧　控除上限額＝ 18,000,000 円（調整前法人税額）× 20％＝ 3,600,000 円
⑨　当期税額控除額＝⑦＜⑧より、3,000,000 円

2　計算の解説と別表作成

　国内雇用者とは、法人の使用人で賃金台帳に記載された者をいい、これには使用人兼務役員を含む役員及び役員の特殊関係者は含まれません。また、役員の特殊関係者とは、法人の役員の親族をいい、六親等内の血族、配偶者、三親等内の姻族までがその範囲となり、当該役員との間で婚姻関係と同様の事情にある者、当該役員から生計の支援を受けている者等もこれに含まれます。

　【図表6-5】の損益計算書を見ると、B社は、**事例1**と同じく役員への給与は従業員に対する給与とは別に「役員報酬」として処理をしているため、この部分は全額国内雇用者に対する給与等の支給額には含めません。

　そして、B社が毎月の賃金台帳をベースに給与等を計上していることを前提にすれば、損益計算書上の「給与手当」と「賞与」及び製造原価報告書の労務費に計上されている「賃金」と「賞与」の金額（以下、「「給与手当」等」といいます）を集計するだけで国内雇用者に対する給与等の支給額が簡便的に算定できます。但し、本事例の場合、これらの中には役員Xの親族であるZ、M、Nの給与や賃金等が含まれているため、これらの金額を抽出して国内雇用者に対する給与等の支給額から除外する必要があります。なお、役員報酬も含め、**【図表6-6】**のように役員の特殊関係者の給与等の金額を把握するには、**事例1**のような各人の事業年度分の給与等の計算に使った源泉徴収簿を集計していくことになるでしょう。

　国内雇用者に対する給与等の支給額の算定に当たり、こうした手順を踏まえると、損益計算書及び製造原価報告書に計上された「給与手当」等の金額と、申告に

必要な別表6（24）及び別表6（24）付表1に計上すべき国内雇用者に対する給与等の支給額との整合性は、『勘定科目内訳明細書』に記載すべき「役員給与等の内訳書」の下欄「人件費の内訳」（以下、「『人件費の内訳書』」といいます）を使っても把握することができそうです。

『人件費の内訳書』には、【図表6-7】のように、当期の損益計算書に計上されている「役員報酬」の金額や「給与手当」と「賞与」の金額の合計、そして製造原価報告書に計上されている「賃金」と「賞与」の金額の合計がそれぞれ反映されます。

【図表6-7　B社の役員給与等の内訳書（抜粋）】

＜当期＞

区分		総額（円）	総額のうち代表者及びその家族分（円）
役員給与		26,400,000	26,400,000
従業員	給与手当	82,000,000	9,200,000
	賃金手当	210,000,000	7,500,000
計		318,400,000	43,100,000

＜前期＞

区分		総額（円）	総額のうち代表者及びその家族分（円）
役員給与		26,400,000	26,400,000
従業員	給与手当	78,000,000	8,700,000
	賃金手当	203,000,000	7,000,000
計		307,400,000	42,100,000

また、この『人件費の内訳書』の使い勝手が良いのは、その中に代表者の家族に対して支給された給与等の金額を記載する箇所が設けられていることです。但し、中小企業向け賃上げ促進税制でいうところの役員の特殊関係者というのは代表者の親族だけに限定されたものではなく、他の取締役等の役員の親族も含まれるため、『人件費の内訳書』だけでは万能とはいえません。また、代表者の家族であっても兄弟姉妹やその子などを見逃すケースも少なくはありませんが、こうした点に注意を払い、中小企業向け賃上げ促進税制に向けて数字を当てはめていくと、この『人件

費の内訳書』は国内雇用者に対する給与等の支給額の算定根拠としては一定の有用性が期待できるといえるでしょう。

(1) 国内雇用者に対する給与等の支給額と雇用者給与等支給額の計算

本事例では、『人件費の内訳書』を使って国内雇用者に対する給与等の支給額を算定していくことにしますが、中小企業向け賃上げ促進税制を意識して『人件費の内訳書』に反映させておきたい損益計算書及び製造原価報告書からの数字を確認します。

まずは、国内雇用者に対する給与等の支給額という点では集計からは除外される部分になりますが、代表取締役Xとその長男で専務取締役Yの「役員報酬」の合計26,400,000円を『人件費の内訳書』に反映させます。また、同じように当期の損益計算書に計上されている「給与手当」70,000,000円と「賞与」12,000,000円の合計82,000,000円を『人件費の内訳書』の「給与手当」の「総額」欄に転記し、B社では製造原価報告書を作成しているため、当期の製造原価報告書に計上されている「賃金」180,000,000円と「賞与」30,000,000円の合計210,000,000円を「賃金手当」の「総額」欄に転記します。そしてさらに、B社の役員であるXの特殊関係者に対する給与等を『人件費の内訳書』の「代表者及びその家族分」欄に記載していきます。これに関しては、当期中のパート経理Zに対する給与1,200,000円と営業部長Mに対する給与8,000,000円の合計9,200,000円は損益計算書に計上されているはずであるため、「給与手当」の「総額のうち代表者及びその家族分」欄に、工場長Nに対する給与7,500,000円は製造原価報告書に計上されているはずであるため、「賃金手当」の「総額のうち代表者及びその家族分」欄にそれぞれ転記します。

なお、前期に中小企業向け賃上げ促進税制を適用する際に同じ工程で作成した『人件費の内訳書』を【図表6-7】に並べてあります。

こうして損益計算書及び製造原価報告書を通じて損金処理された「給与手当」等が反映された『人件費の内訳書』が完成するわけですが、これをベースに国内雇用者に対する給与等の支給額を算定し、雇用者給与等支給額あるいは比較雇用者給与等支給額を算定していきます。

まず、当期の国内雇用者に対する給与等の支給額については、『人件費の内訳書』に計上された「給与手当」の総額82,000,000円から、これに係る「総額のうち代表

者及びその家族分」の金額9,200,000円を差し引き、さらには「賃金手当」の総額210,000,000円から、これに係る「総額のうち代表者及びその家族分」の金額7,500,000円を差し引いて、それぞれ差引後の金額を合計すると275,300,000円となります。

また、前期の国内雇用者に対する給与等の支給額についても、同じような流れで金額を算定すると265,300,000円になります。

こうして、当期、前期それぞれの国内雇用者に対する給与等の支給額を算定することができましたが、B社では給与等に充てるため他の者から支払を受ける金額は受けていないため、ここで算定した国内雇用者に対する給与等の支給額を調整する要素はなく、それぞれこれらの金額が当期の雇用者給与等支給額となり、比較雇用者給与等支給額となります。

なお、B社は、前期にも中小企業向け賃上げ促進税制の適用を受けていますが、この場合、前期に申告した雇用者給与等支給額は、当期の比較雇用者給与等支給額としてそのまま引き継がれます。但し、当期の申告の中で前期の雇用者給与等支給額の計算に誤りを発見してしまうこともあり、当期にこれに沿って比較雇用者給与等支給額を修正してしまうと、多くの場合、税務署から問い合わせが入ります。あくまでもここは個別判断ということになりますが、修正する金額が僅少であれば、そのまま前期の雇用者給与等支給額を当期の比較雇用者給与等支給額として引き継いで申告してしまった方が無難といえるかもしれません。

(2) 雇用者給与等支給増加割合の計算

雇用者給与等支給額と比較雇用者給与等支給額が確定すれば、中小企業向け賃上げ促進税制の適用を受けることができるかどうかを判定するため、雇用者給与等支給増加割合を計算します。

(1)で算定したB社の雇用者給与等支給額と比較雇用者給与等支給額から雇用者給与等支給増加割合を計算すると、次のとおり1.5%以上となり、ひとまずここでB社は当期においても中小企業向け賃上げ促進税制の適用を受けることができると判定できます。

$$\text{雇用者給与等支給増加割合} = \frac{275,300,000円（雇用者給与等支給額）- 265,300,000円（比較雇用者給与等支給額）}{265,300,000円（比較雇用者給与等支給額）} = 3.76\cdots\cdots\% \geq 1.5\%$$

(3) 控除対象雇用者給与等支給増加額の計算

　中小企業向け賃上げ促進税制の適用が受けられることが分かれば、中小企業者等税額控除限度額の算定へと進みます。

　B社では、**事例1**と同様、雇用安定助成金額を含め給与等に充てるため他の者から支払を受ける金額を受けていないため、**(1)**で算定した雇用者給与等支給額から比較雇用者給与等支給額を差し引くと、次のとおり控除対象雇用者給与等支給増加額は10,000,000円となります。

```
控除対象雇用者給与等    ＝    275,300,000円    －    265,300,000円    ＝ 10,000,000円
支給増加額                   (雇用者給与等支給額)   (比較雇用者給与等支給額)
```

(4) 税額控除割合の決定と中小企業者等税額控除限度額の計算

　次に、中小企業者等税額控除限度額を算定するためのもう1つの計算要素である税額控除割合を決定し、税額控除限度額を計算していきます。中小企業向け賃上げ促進税制では【図表2-2】（再掲）のように、雇用者給与等支給増加割合に応じて上乗せ措置が講じられており、B社に関しては、**(2)**のとおり、雇用者給与等支給増加割合が3.76……％になったため、「割増要件」による上乗せ措置を適用することができます。

【図表2-2　雇用者給与等支給増加割合による税額控除割合】

	適用要件	税額控除割合
＜通常要件＞	雇用者給与等支給額が、前事業年度と比べて1.5％以上増加	15％
＜割増要件＞	雇用者給与等支給額が、前事業年度と比べて2.5％以上増加	＋15％

　しかし、B社は当期に教育訓練費の支出もなく、一般事業主行動計画の届出等も行っていないため、教育訓練費の増加による「上乗せ要件①」や、くるみん認定やえるぼし認定による「上乗せ要件②」は満たしていません。これにより、B社が当期の中小企業向け賃上げ促進税制において適用できる税額控除割合は、＜通常要件＞の税額控除割合15％に、＜割増要件＞による15％の上乗せ措置を講じた「30％」と

なります。

　よって、B社の当期における中小企業者等税額控除限度額は、次のとおり、(3)で算定した控除対象雇用者給与等支給増加額に、ここで決定した税額控除割合を乗じた3,000,000円になります。

```
中小企業者等
税額控除限度額    =    10,000,000円    ×    30%    =    3,000,000円
              （控除対象雇用者給与等支給増加額）  （税額控除割合）
```

(5) 控除上限額の計算

　(4)のとおり、中小企業者等税額控除限度額を算定することができましたが、中小企業向け賃上げ促進税制では、その適用年度の調整前法人税額（法人税申告書別表1「2」に掲げる金額）の20％相当額が税額控除額の限度となるため、控除上限額を確認します。

　B社の当期の調整前法人税額は18,000,000円であるため、下記の計算のとおり、控除上限額は3,600,000円になります。

```
控除上限額
(当期税額基準額)   =    18,000,000円    ×    20%    =    3,600,000円
                    （調整前法人税額）
```

(6) 税額控除額の計算

　最後に、(4)で計算した中小企業者等税額控除限度額と(5)で計算した控除上限額を比較していずれか少ない金額が、当期の法人税額から控除できる中小企業向け賃上げ促進税制による控除税額となりますが、(4)＜(5)となり、B社の当期税額控除額は、3,000,000円となります。

(7) 別表6（24）と付表1の作成の流れ

　ここまでの計算結果を各種別表に反映させると【図表6-8】のとおりです。それでは、申告に向けて別表6（24）と別表6（24）付表1（以下、「付表1」といいます）の大枠を確認していきます。

【図表6-8 B社の別表6(24)付表1及び別表6(24)】

給与等支給額、比較教育訓練費の額及び翌期繰越税額控除限度超過額の計算に関する明細書

事業年度	×1・4・1 ×2・3・31	法人名	株式会社B

別表六(二十四)付表一 令六・四・一以後終了事業年度分

雇用者給与等支給額及び調整雇用者給与等支給額の計算

国内雇用者に対する給与等の支給額	(1)の給与等に充てるため他の者から支払を受ける金額	(2)のうち雇用安定助成金額	雇用者給与等支給額 (1)-(2)+(3) (マイナスの場合は0)	調整雇用者給与等支給額 (1)-(2) (マイナスの場合は0)
1	2	3	4	5
275,300,000円	円	円	275,300,000円	275,300,000円

比較雇用者給与等支給額及び調整比較雇用者給与等支給額の計算

前事業年度	国内雇用者に対する給与等の支給額	(7)の給与等に充てるため他の者から支払を受ける金額	(8)のうち雇用安定助成金額	適用年度の月数 (6)の前事業年度の月数
6	7	8	9	10
×0・4・1 ×1・3・31	265,300,000円	円	円	12/12

比較雇用者給与等支給額 ((7)-(8)+(9))×(10) (マイナスの場合は0)	11	265,300,000
調整比較雇用者給与等支給額 ((7)-(8))×(10) (マイナスの場合は0)	12	265,300,000

継続雇用者給与等支給額及び継続雇用者比較給与等支給額の計算

		継続雇用者給与等支給額の計算	継続雇用者比較給与等支給額の計算	
		適用年度 ①	前事業年度 ②	前一年事業年度特定期間
事業年度等	13	・ ・	・ ・	・ ・
継続雇用者に対する給与等の支給額	14	円	円	円
同上の給与等に充てるため他の者から支払を受ける金額	15			
同上のうち雇用安定助成金額	16			
差引 (14)-(15)+(16)	17			
適用年度の月数 (13の③)の月数	18			—
継続雇用者給与等支給額及び継続雇用者比較給与等支給額 (17)又は((17)×(18))	19			円

比較教育訓練費の額の計算

事業年度	教育訓練費の額	適用年度の月数 (20)の事業年度の月数	改定教育訓練費の額 (21)×(22)
20	21	22	23
調整対象年度	・ ・ ・ ・	円	円
計			

比較教育訓練費の額 (23の計)÷(調整対象年度数) | 24 |

翌期繰越税額控除限度超過額の計算

事業年度	前期繰越額又は当期税額控除限度額	当期控除可能額	翌期繰越額 (25)-(26)
	25	26	27
・ ・	円	円	円
・ ・			外
・ ・			外
・ ・			外
・ ・			外
・ ・			外
・ ・			外
・ ・			外
計		別表六(二十四)「48」	外
当期分	別表六(二十四)「40」	別表六(二十四)「43」	外
合計			

第6章 賃上げ促進税制の適用事例　141

給与等の支給額が増加した場合の法人税額の特別控除に関する明細書

別表六(二十四) 令六・四・一以後終了事業年度分

事業年度	×1·4·1 〜 ×2·3·31	法人名	株式会社B

項目	番号	金額
期末現在の資本金の額又は出資金の額	1	30,000,000 円
期末現在の常時使用する従業員の数	2	30 人
適 用 可 否	3	可

法人税額の特別控除額の計算

❷
項目	番号	金額
雇用者給与等支給額（別表六(二十四)付表一「4」）	4	275,300,000
比較雇用者給与等支給額（別表六(二十四)付表一「11」）	5	265,300,000
雇用者給与等支給増加額 (4)-(5)（マイナスの場合は0）	6	10,000,000
雇用者給与等支給増加割合 (6)/(5)（(5)=0の場合は0）	7	0.0376···
調整雇用者給与等支給額（別表六(二十四)付表一「5」）	8	275,300,000
調整比較雇用者給与等支給額（別表六(二十四)付表一「12」）	9	265,300,000
調整雇用者給与等支給増加額 (8)-(9)（マイナスの場合は0）	10	10,000,000
継続雇用者給与等支給額（別表六(二十四)付表一「19の①」）	11	
継続雇用者比較給与等支給額（別表六(二十四)付表一「19の②」又は「19の③」）	12	
継続雇用者給与等支給増加額 (11)-(12)（マイナスの場合は0）	13	
継続雇用者給与等支給増加割合 (13)/(12)（(12)=0の場合は0）	14	
教育訓練費の額	15	
比較教育訓練費の額（別表六(二十四)付表一「24」）	16	
教育訓練費増加額 (15)-(16)（マイナスの場合は0）	17	
教育訓練費増加割合 (17)/(16)（(16)=0の場合は0）	18	
雇用者給与等支給額比教育訓練費割合 (15)/(4)	19	
控除対象雇用者給与等支給増加額 (6)と(10)のうち少ない額	20	10,000,000
雇用者給与等支給増加重複控除額（別表六(二十四)付表二「12」）	21	
差引控除対象雇用者給与等支給増加額 (20)-(21)（マイナスの場合は0）	22	10,000,000

税額控除限度額等の計算

令和6年3月31日以前に開始した事業年度の場合
項目	番号	金額
第1項適用の場合 (14)≧4%の場合 0.1	23	
(18)≧20%又は(15)-(17)>0の場合 0.05	24	
税額控除限度額 (22)×(0.15+(23)+(24))（(14)<0.03の場合は0）	25	
第2項適用の場合 (7)≧2.5%の場合 0.15	26	
(18)≧10%又は(15)-(17)>0の場合 0.1	27	
中小企業者等税額控除限度額 (22)×(0.15+(26)+(27))（(7)<0.015の場合は0）	28	

令和6年4月1日以後に開始する事業年度の場合
項目	番号	金額
第1項適用の場合 (14)≧4%の場合 (0.05、0.1又は0.15)	29	
(18)≧10%又は(15)-(17)>0の場合で、かつ、(19)≧0.05%の場合 0.05	30	
プラチナくるみん又はプラチナえるぼしを取得している場合	31	
税額控除限度額 (22)×(0.1+(29)+(30)+(31))（(14)<0.03の場合は0）	32	円
(14)≧4%の場合 0.15	33	
(18)≧10%又は(15)-(17)>0の場合で、かつ、(19)≧0.05%の場合 0.05	34	
プラチナくるみん又はえるぼし3段階以上を取得している場合	35	
特定税額控除限度額 (22)×(0.1+(33)+(34)+(35))（(14)<0.03の場合は0）	36	円
第3項適用の場合 (7)≧2.5%の場合 0.15	37	0.15 ❸
(18)≧5%又は(15)-(17)>0の場合で、かつ、(19)≧0.05%の場合 0.1	38	
くるみん又はえるぼし2段階目以上を取得している場合	39	
中小企業者等税額控除限度額 (22)×(0.15+(37)+(38)+(39))（(7)<0.015の場合は0）	40	3,000,000 円

❹
項目	番号	金額
調整前法人税額（別表一「2」若しくは別表一の二「2」若しくは「13」）	41	18,000,000
当期税額基準額 (41)×20/100	42	3,600,000
当期税額控除可能額 (((25)、(28)、(32)、(36)又は(40))と(42)のうち少ない金額)	43	3,000,000
調整前法人税額超過構成額（別表六(六)「8の⑱」）	44	
当期税額控除額 (43)-(44)	45	3,000,000
差引当期税額基準額残額 (42)-(43)	46	600,000
繰越税額控除限度超過額（別表六(二十四)付表一「25の計」）	47	
同上のうち当期繰越税額控除可能額 ((46)と(47)のうち少ない金額)（(4)≦(5)の場合は0）	48	
調整前法人税額超過構成額（別表六(六)「8の㉑」）	49	
当期繰越税額控除額 (48)-(49)	50	
法人税額の特別控除額 (45)+(50)	51	3,000,000

❶

　本事例は、国内雇用者に対する給与等の支給額から控除すべき役員の特殊関係者に係る給与等があるため、付表1は**事例1**よりはわずかにレベルアップしますが、B社では雇用安定助成金額を含め給与等に充てるため他の者から支払を受ける金額はないため、(1)で計算したとおり【図表6-7】の『人件費の内訳書』を活用して雇用者給与等支給額と比較雇用者給与等支給額を計算しておけば、あとは**事例1**と同じ部分を埋めていくだけとなります。

　まずは、別表6（24）より先に作成する付表1から具体的にみていきます。B社ではX以外の役員の家族等に対して給与等の支給はありませんが、代表者であるXの特殊関係者への給与等の支給があります。そのため、「1」欄は、(1)より損益計算書や製造原価報告書に計上された「給与手当」等の金額から、これらの特殊関係者への給与手当等の支給額を除外し、国内雇用者に対する給与等の支給額は275,300,000円となります。なお、前述のとおり、B社は当期に雇用安定助成金額を含め給与等に充てるため他の者から支払を受ける金額がなかったため、「2」欄と「3」欄は空欄となり、「4」欄の雇用者給与等支給額と「5」欄の調整雇用者給与等支給額は、「1」欄の金額がそのままスライドされます。

　また、比較雇用者給与等支給額については、B社は中小企業向け賃上げ促進税制の適用を受けているため、前期に雇用者給与等支給額として申告した内容を「7」欄～「9」欄に反映させますが、前期の『人件費の内訳書』との整合性も念のため確認しておくとよいでしょう。こうして、「7」欄は、前期に国内雇用者等に対する給与等の支給額として申告をした265,300,000円となり、前期にも雇用安定助成金額を含め給与等に充てるため他の者から支払を受ける金額はなかったため「8」欄と「9」欄は空欄となります。そして、当期も前期も事業年度は12月で同じになるため、「11」欄の比較雇用者給与等支給額と「12」欄の調整比較雇用者給与等支給額は、ともに「7」欄の金額がそのままスライドされて265,300,000円となります。

❷

　次に別表6（24）について、**事例1**では適用がなかった税額控除割合の上乗せ措置の部分をメインにみていくことにします。「4」欄から「22」欄は付表1からの金額をベースにそれぞれ埋めていくことになりますが、その中でも「7」欄の雇用者給

与等支給増加割合は、**(2)** より、3.76……%となることに注目しておきます。そして、当期に適用を受ける税額控除額の計算の基礎となる「22」欄の差引控除対象雇用者給与等支給増加額は、**(3)** のとおり、(調整)雇用者給与等支給額から(調整)比較雇用者給与等支給額を控除した 10,000,000 円となります。

❸

　そして、いよいよ**事例 2** のメインテーマとなる税額控除割合の決定の部分についてですが、「37」欄にもあるように、「7」欄 3.76……% ≧ 2.5%の場合に該当するため、「37」欄には「0.15」と記載することになります。なお、Ｂ社は当期中に教育訓練費の支出がなく、「上乗せ要件①」よる上乗せ措置の適用を受けることができず、また、これまで一般事業主行動計画の届出等を行ったことがないため、くるみん又はえるぼし関連の「上乗せ要件②」による上乗せ措置の適用も受けることができません。ここは**事例 1** と同じく、「38」欄、「39」欄はともに空欄となります。

　よって、「40」欄の中小企業者等税額控除限度額を計算するため、「22」欄の差引控除対象雇用者給与等支給増加額 10,000,000 円に乗じる税額控除割合は、通常要件 0.15 に「37」欄の割増要件による上乗せ措置 0.15 を加えた「0.3」となり、結果、「3,000,000」円(＝10,000,000 円× 0.3)となります。

❹

　ここまで計算できれば、あとは「41」欄～「42」欄より控除上限額が 3,600,000 円となり、中小企業者等税額控除限度額 3,000,000 円＜控除上限額 3,600,000 円となるため、Ｂ社が当期において中小企業向け賃上げ促進税制の適用によって控除を受けることができる税額控除額は、「51」欄のとおり 3,000,000 円となります。

　中小企業は同族会社が多く、Ｂ社のように代表者の家族が役員だけではなく従業員として雇用されている法人も少なくありません。そして、『人件費の内訳書』を見れば、こうした家族に対する給与等の支給額を容易に把握することができるため、賃上げ促進税制を適用するときには、本事例のように『人件費の内訳書』をうまく活用するとともに、雇用者給与等支給額との整合性をしっかりとチェックしておく必要があるでしょう。

事例3
給与等の範囲と雇用安定助成金額の取扱い

　C株式会社（以下、「C社」といいます）は、卸売業を営む、資本金4,500万円、従業員50人（役員を除きます）の中小企業者等（青色申告法人で、株主には大規模法人はおらず、また適用除外事業者にも該当しません）に該当します。

　当期（自×1年4月1日至×2年3月31日）及び前期（自×0年4月1日至×1年3月31日）の損益計算書（抜粋）及びC社の役員とその家族の給与等に関する資料はそれぞれ【図表6-9】と【図表6-10】のとおりです。

【図表6-9　C社の当期及び前期の損益計算書（抜粋）】

```
損益計算書　＜当期＞                    損益計算書　＜前期＞
　　自　×1年 4月 1日                    　　自　×0年 4月 1日    （単位：円）
　　至　×2年 3月31日                    　　至　×1年 3月31日
　　：                                   　　：

【販売費及び一般管理費】                【販売費及び一般管理費】
　給 与 手 当　　　315,000,000           　給 与 手 当　　　303,000,000
　賞　　　　与　　　 60,000,000           　賞　　　　与　　　 56,350,000
　法 定 福 利 費　　　　×××              　法 定 福 利 費　　　　×××
　福 利 厚 生 費　　　3,000,000           　福 利 厚 生 費　　　3,200,000
　：                                     　：

【営業外収益】                          【営業外収益】
　雑　収　入　　　　　5,130,000           　雑　収　入　　　　　2,900,000
　：                                     　：
```

【図表6-10　C社の役員及びその家族の給与等に関する事項】

＜当期＞　　　　　　　　　　　　　　　　　　　　　　　　　　　　　　（単位：円）

氏名	役職	関係	報酬・給与
X	代表取締役		20,000,000
P	副社長	－	12,500,000
Q	管理本部長	－	11,500,000
Y	経理課長	Xの長女	6,400,000
Z	営業課長	Xの長男	8,400,000

＜前期＞

氏名	役職	関係	報酬・給与
X	代表取締役		18,000,000
P	副社長	－	11,500,000
Q	管理本部長	－	10,000,000
Y	経理課長	Xの長女	6,400,000
Z	営業課長	Xの長男	8,000,000

（※）C社では、X、P及びQのみが登記上の役員です。
　　　また、X、P及びQに対して役員賞与の支給はありません。

C社では、当期、前期ともに永年勤続者に対して、それぞれの事業年度内に合計で800,000円、900,000円の賞金を支給しており、どちらも福利厚生費の中に含まれています。

　また、C社は、雇用調整助成金を当期に2,000,000円、前期に1,500,000円を受給しており、これらについては雑収入の中に含まれています。

　そして、ここで【図表6-9】と【図表6-10】によりC社が決算作業の中で作成した『勘定科目内訳明細書』に記載すべき「役員給与等の内訳書」の下欄「人件費の内訳」(以下、「『人件費の内訳書』」といいます)を先にみておくと、【図表6-11】のとおりとなります。

【図表6-11　C社の役員給与等の内訳書(抜粋)】

＜当期＞

人件費の内訳			
区　　　　　分		総　額（円）	総額のうち代表者及びその家族分（円）
役　員　給　与		44,000,000	20,000,000
従業員	給与手当	331,000,000	14,800,000
	賃金手当		
計		375,000,000	34,800,000

＜前期＞

人件費の内訳			
区　　　　　分		総　額（円）	総額のうち代表者及びその家族分（円）
役　員　給　与		39,500,000	18,000,000
従業員	給与手当	319,850,000	14,400,000
	賃金手当		
計		359,350,000	32,400,000

　なお、C社では、当期中に教育訓練費の支出はなく、これまで一般事業主行動計画の届出等を行ったこともありません。そして、C社は前期にも中小企業向け賃上げ促進税制の適用を受けていますが、当期に繰り越された控除税額はなく、中小企業向け賃上げ促進税制以外の税額控除制度を当期に受ける予定はありません。

　また、当期の別表1「2」欄に計上された調整前法人税額の金額は、16,000,000円です。

1 適用の可否と税額控除額の計算過程

(1) 適用の可否の判定

① (当期) 雇用者給与等支給額

= 315,000,000 円（P/L「給与手当」）+ 60,000,000 円（P/L「賞与」）− 44,000,000 円（役員報酬）− 14,800,000 円（特殊関係者への給与等）+ 800,000 円（永年勤続）

= 317,000,000 円

② (前期) 雇用者給与等支給額

= 303,000,000 円（P/L「給与手当」）+ 56,350,000 円（P/L「賞与」）− 39,500,000 円（役員報酬）− 14,400,000 円（特殊関係者への給与等）+ 900,000 円（永年勤続）

= 306,350,000 円

③ 雇用者給与等支給増加割合 =（①−②）／② = 3.47……%

④ ③ ≧ 1.5% より、中小企業向け賃上げ促進税制の適用あり

(2) 中小企業向け賃上げ促進税制による税額控除額

⑤ 雇用者給与等支給増加額 = ① − ② = 10,650,000 円

⑥ 調整雇用者給与等支給増加額

=（① − 2,000,000 円（雇用安定助成金額））

−（② − 1,500,000 円（雇用安定助成金額））

= 10,150,000 円

⑦ 控除対象雇用者給与等支給増加額 = ⑤ > ⑥ より、10,150,000 円

⑧ 雇用者給与等支給増加割合（= ③）≧ 2.5% より、上乗せ措置あり

但し、その他の上乗せ措置の適用はなく、税額控除割合 = 30%

⑨ 中小企業者等税額控除限度額 = ⑦ × ⑧ = 3,045,000 円

⑩ 控除上限額 = 16,000,000 円（調整前法人税額）× 20% = 3,200,000 円

⑪ 当期税額控除額 = ⑨ < ⑩ より、3,045,000 円

2 計算の解説と別表作成

【図表 6-9】の損益計算書を見ると、C 社では役員報酬を「給与手当」に含めて処

理しており、また、「給与手当」と「賞与」の中には代表取締役Xの家族に対する給与等が含まれています。そのため、国内雇用者に対する給与等の支給額の算定には、役員報酬の金額と、代表者の家族に支給した給与等の金額が記載された『人件費の内訳書』がますます有効的になります。ただし、『人件費の内訳書』を作成する上でも【図表6-10】のような役員とその家族に対する給与等を集計した資料が必要になりますが、これらは**事例1**のように源泉徴収簿などを使ってその事業年度内の役員及びその特殊関係者の給与等の金額を把握しておきます。

　なお、賃上げ促進税制における給与等は、所得税法28条1項に規定する給与等をいい、これには俸給、給料、賃金及び賞与並びにこれらの性質を有する給与で、残業手当や休日出勤手当、家族（扶養）手当、住宅手当等も含まれます。そして、会計上「給与手当」や「賃金」、「賞与」など以外の勘定科目で処理されたものがあっても、税務上の給与所得に該当するものがある場合には、これを国内雇用者に対する給与等の支給額に含める必要があります。つまり、C社で従業員に対して支給した永年勤続の表彰金がこれに当たります。

　さらにC社は、給与等に充てるため他の者から支払を受ける金額の中でも雇用安定助成金額に該当する雇用調整助成金の交付を受けています。雇用者給与等支給増加割合も控除対象雇用者給与等支給増加額も雇用者給与等支給額から比較雇用者給与等支給額を控除する部分がありますが、後者の場合のみ、雇用安定助成金額を雇用者給与等支給額及び比較雇用者給与等支給額から控除してこれを控除する前の金額と比較する必要があります。

(1) 国内雇用者に対する給与等の支給額と雇用者給与等支給額の計算

　本事例でも**事例2**と同じように『人件費の内訳書』を使って国内雇用者に対する給与等の支給額を算定していきます。

　『人件費の内訳書』では、役員報酬と従業員等への給与等の金額が分解され、さらには代表者の家族分の給与等が区分されているため、当期分については、そのうちの「給与手当」欄の「総額」331,000,000円から「総額のうち代表者及びその家族分」14,800,000円を控除すれば、国内雇用者に対する給与等の支給額が316,200,000円と算定することができます。そしてC社では、さらに従業員に対して給与課税となる永年勤続者に対し表彰金800,000円を支給しているため、これを加算して、当期

の国内雇用者に対する給与等の支給額は317,000,000円となります。

　同じように、前期分の国内雇用者に対する給与等の支給額を計算すると、『人件費の内訳書』の「給与手当」の「総額」319,850,000円から「総額のうち代表者及びその家族分」14,400,000円を控除し、永年勤続者に対する表彰金900,000円を加えれば、前期分の国内雇用者に対する給与等の支給額は306,350,000円となります。

　これをベースに、給与等に充てるため他の者から支払を受ける金額を控除して雇用者給与等支給額を計算していきますが、ここで控除すべき給与等に充てるため他の者から支払を受ける金額にはC社が受給した雇用調整助成金は含まれないため、当期及び前期の国内雇用者に対する給与等の支給額がそのまま、それぞれ当期の雇用者給与等支給額及び比較雇用者給与等支給額になります。

　なお、このとき、損益計算書や製造原価報告書の給与手当等の金額と雇用者給与等支給額との整合性をまとめた【図表6-12】のような一覧表を作成しておくと、翌年度以降、中小企業向け賃上げ促進税制を適用する際に、役員の特殊関係者に対する給与等の集計や永年勤続の表彰金のほか、給与等に充てるため他の者から支払を受ける金額などの認識漏れを防止することができるでしょう。

【図表6-12　C社の賃上げ促進税制のための確認メモ】

	＜当期＞	＜前期＞	
P/L「給与手当」	315,000,000	303,000,000	
P/L「賞与」	60,000,000	56,350,000	
C/R「賃金」			
C/R「賞与」			
役員X	△20,000,000	△18,000,000	
役員P	△12,500,000	△11,500,000	
役員Q	△11,500,000	△10,000,000	
Y	△6,400,000	△6,400,000	
Z	△8,400,000	△8,000,000	
「福利厚生費」より、永年勤続表彰　→	800,000	900,000	……元帳より
国内雇用者に対する給与等の支給額　→	317,000,000	306,350,000	
「雑収入」より、雇用調整助成金	2,000,000	1,500,000	……元帳より

(2) 雇用者給与等支給増加割合の計算

　雇用者給与等支給額と比較雇用者給与等支給額の算定が終われば、中小企業向け賃上げ促進税制の適用を受けることができるかどうかを判定します。(1)で算定した雇用者給与等支給額及び比較雇用者給与等支給額を使って雇用者給与等支給増加割合を計算すると、次のとおり 3.47……％となり、1.5％以上であることが分かるため、Ｃ社は当期も中小企業向け賃上げ促進税制を適用することができます。

$$\text{雇用者給与等支給増加割合} = \frac{317,000,000円（雇用者給与等支給額）- 306,350,000円（比較雇用者給与等支給額）}{306,350,000円（比較雇用者給与等支給額）} = 3.47……\% \geqq 1.5\%$$

(3) 控除対象雇用者給与等支給増加額の計算

　中小企業向け賃上げ促進税制が適用可と分かれば、税額控除額の算定に向けてその計算の基礎となる控除対象雇用者給与等支給増加額を算定します。

　Ｃ社では、これまでの事例とは異なり、給与等に充てるため他の者から支払を受ける金額の中でも雇用安定助成金額に当たる雇用調整助成金を受給しています。単純に控除対象雇用者給与等支給増加額を計算するならば、(1)の雇用者給与等支給額から比較雇用者給与等支給額を差し引くと、次のとおり控除対象雇用者給与等支給増加額は 10,650,000 円となります。

$$\text{控除対象雇用者給与等支給増加額} = 317,000,000円（雇用者給与等支給額）- 306,350,000円（比較雇用者給与等支給額）= 10,650,000円$$

　しかし、税額控除額の計算要素である控除対象雇用者給与等支給増加額は、調整雇用者給与等支給増加額が上限となります。ここで調整雇用者給与等支給増加額とは、当期に交付を受ける雇用安定助成金額を控除した雇用者給与等支給額から前期に交付を受けた雇用安定助成金額を控除した比較雇用者給与等支給額を控除した金額をいいます。本事例の場合、(1)で計算した雇用者給与等支給額 317,000,000 円から当期に交付を受ける雇用調整助成金 2,000,000 円を控除すると 315,000,000 円となり、同じように(1)で計算した比較雇用者給与等支給額 306,350,000 円から前期に交付を受けた雇用調整助成金 1,500,000 円を控除すると 304,850,000 円となるた

め、調整雇用者給与等支給増加額は、次のとおり、10,150,000円となります。

```
調整雇用者給与等  =  315,000,000円      -   304,850,000円       = 10,150,000円
支給増加額           （雇用者給与等支給額）   （比較雇用者給与等支給額）
                   雇用安定助成金額控除後   雇用安定助成金額控除後
```

それぞれ算定した調整前の控除対象雇用者給与等支給増加額と調整雇用者給与等支給増加額とを比較し、いずれか少ない金額である10,150,000円が、当期のC社における控除対象雇用者給与等支給増加額となります。

(4) 税額控除割合の決定と中小企業者等税額控除限度額の計算

次に、中小企業者等税額控除限度額を算定するためのもう1つの計算要素である税額控除割合を決定します。**(2)**より、雇用者給与等支給増加割合が3.74……％≧2.5％となるため、雇用者給与等支給増加割合に応じた＜割増要件＞による上乗せ措置を適用することができます。

なお、C社は当期に教育訓練費の支出もなく、一般事業主行動計画の届出等も行っていないため、教育訓練費の増加による「上乗せ要件①」や、くるみん認定やえるぼし認定による「上乗せ要件②」は満たしていません。よって、C社が当期の中小企業向け賃上げ促進税制において適用できる税額控除割合は、＜通常要件＞の税額控除割合15％に、＜割増要件＞による15％の上乗せ措置を講じた「30％」となります。

そして、控除上限額と比較することとなる中小企業者等税額控除限度額は、次のとおり、**(3)** 控除対象雇用者給与等支給増加額に＜割増要件＞を加味した税額控除割合30％を乗じた3,045,000円となります。

```
中小企業者等     =   10,150,000円        ×     30％      = 3,045,000円
税額控除限度額      （控除対象雇用者給与等支給増加額）（税額控除割合）
```

(5) 控除上限額の計算

中小企業向け賃上げ促進税制における税額控除額はその事業年度の調整前法人税額の20％が上限です。つまり、C社の当期の控除上限額は、法人税申告書別表1

「2」に掲げる法人税額 16,000,000 円に 20％を乗じた 3,200,000 円になります。

```
控除上限額
(当期税額基準額)   ＝   16,000,000円   ×   20％   ＝ 3,200,000円
                     (調整前法人税額)
```

(6) 税額控除額の計算

最後に、(4) で計算した中小企業者等税額控除限度額と (5) で計算した控除上限額を比較していずれか少ない金額が、当期の法人税額から控除できる中小企業向け賃上げ促進税制による控除税額となります。

計算の結果、(4) ＜ (5) となり、C 社の当期税額控除額は、3,045,000 円となります。

(7) 別表 6（24）と付表 1 の作成の流れ

本事例における別表の作成のポイントは、別表 6（24）付表 1（以下、「付表 1」といいます）で給与等に充てるため他の者から支払を受ける金額を反映させる点にあります。この給与等に充てるため他の者から支払を受ける金額の中でも C 社では雇用安定助成金額に相当する雇用調整助成金を受給しているため、その金額を忘れずに付表 1 に反映させておく必要があります。

こうすることで、付表 1 においては、国内雇用者に対する給与等の支給額から雇用安定助成金額を控除しない雇用者給与等支給額と、雇用安定助成金額を控除した雇用者給与等支給額、つまり調整雇用者給与等支給額が計算され、それぞれ別表 6（24）へと転記されていきます。これらの雇用安定助成金額の別表上の処理を中心に【図表 6-13】を使って、具体的に確認していきます。

【図表6-13　C社の別表6（24）付表1及び別表6（24）】

給与等支給額、比較教育訓練費の額及び翌期繰越税額控除限度超過額の計算に関する明細書

事業年度：×1・4・1 ～ ×2・3・31　　法人名：C株式会社

別表六二十四付表一　令六・四・一以後終了事業年度分

❶ 雇用者給与等支給額及び調整雇用者給与等支給額の計算

国内雇用者に対する給与等の支給額	(1)の給与等に充てるため他の者から支払を受ける金額	(2)のうち雇用安定助成金額	雇用者給与等支給額 (1)-(2)+(3)（マイナスの場合は0）	調整雇用者給与等支給額 (1)-(2)（マイナスの場合は0）
1	2	3	4	5
317,000,000 円	2,000,000 円	2,000,000 円	317,000,000 円	315,000,000 円

比較雇用者給与等支給額及び調整比較雇用者給与等支給額の計算

前事業年度	国内雇用者に対する給与等の支給額	(7)の給与等に充てるため他の者から支払を受ける金額	(8)のうち雇用安定助成金額	適用年度の月数／(6)の前事業年度の月数
6	7	8	9	10
×0・4・1 ～ ×1・3・31	306,350,000 円	1,500,000 円	1,500,000 円	12／12

比較雇用者給与等支給額　((7)-(8)+(9))×(10)（マイナスの場合は0）	11	306,350,000
調整比較雇用者給与等支給額　((7)-(8))×(10)（マイナスの場合は0）	12	304,850,000

継続雇用者給与等支給額及び継続雇用者比較給与等支給額の計算

	継続雇用者給与等支給額の計算	継続雇用者比較給与等支給額の計算
	適用年度①	前事業年度② ／ 前一年事業年度特定期間③
事業年度等 13		・・／・・
継続雇用者に対する給与等の支給額 14	円	円
同上の給与等に充てるため他の者から支払を受ける金額 15		
同上のうち雇用安定助成金額 16		
差引 (14)-(15)+(16) 17		
適用年度の月数／(13の③)の月数 18		―
継続雇用者給与等支給額及び継続雇用者比較給与等支給額 (17)又は((17)×(18)) 19		円

比較教育訓練費の額の計算

事業年度 20	教育訓練費の額 21	適用年度の月数／(20)の事業年度の月数 22	改定教育訓練費の額 (21)×(22) 23
調年度対象	・・／・・	円	―	円
	・・／・・		―	
計			

比較教育訓練費の額　(23の計)÷(調整対象年度数)	24	

翌期繰越税額控除限度超過額の計算

事業年度	前期繰越額又は当期税額控除限度額 25	当期控除可能額 26	翌期繰越額 (25)-(26) 27
・・／・・	円		円
・・／・・		外	
・・／・・		外	
・・／・・		外	
・・／・・		外	
・・／・・		外	
・・／・・		外	
・・／・・		外	
計		別表六(二十四)「48」	
当期分	別表六(二十四)「40」	別表六(二十四)「43」	外
合計			

第6章　賃上げ促進税制の適用事例

給与等の支給額が増加した場合の法人税額の特別控除に関する明細書

| 事業年度 | X1・4・1 〜 X2・3・31 | 法人名 | C株式会社 |

別表六(二十四) 令六・四・一以後終了事業年度分

法人税額の特別控除額の計算

期末現在の資本金の額又は出資金の額	1	45,000,000 円
期末現在の常時使用する従業員の数	2	50 人
雇用者給与等支給額（別表六(二十四)付表一「4」）	4	317,000,000 円
比較雇用者給与等支給額（別表六(二十四)付表一「11」）	5	306,350,000
雇用者給与等支給増加額 (4)−(5)（マイナスの場合は0）	6	10,650,000
雇用者給与等支給増加割合 (6)/(5)（(5)=0の場合は0）	7	0.0347···
調整雇用者給与等支給額（別表六(二十四)付表一「5」）	8	315,000,000
調整比較雇用者給与等支給額（別表六(二十四)付表一「12」）	9	304,850,000
調整雇用者給与等支給増加額 (8)−(9)（マイナスの場合は0）	10	10,150,000
継続雇用者給与等支給額（別表六(二十四)付表一「19の①」）	11	
継続雇用者比較給与等支給額（別表六(二十四)付表一「19の②」又は「19の③」）	12	
継続雇用者給与等支給増加額 (11)−(12)（マイナスの場合は0）	13	
継続雇用者給与等支給増加割合 (13)/(12)（(12)=0の場合は0）	14	
教育訓練費の額	15	
比較教育訓練費の額（別表六(二十四)付表一「24」）	16	
教育訓練費増加額 (15)−(16)（マイナスの場合は0）	17	
教育訓練費増加割合 (17)/(16)（(16)=0の場合は0）	18	
雇用者給与等支給額比教育訓練費割合 (15)/(4)	19	
控除対象雇用者給与等支給増加額 (6)と(10)のうち少ない金額	20	10,150,000 円
雇用者給与等支給増加重複控除額（別表六(二十四)付表二「12」）	21	
差引控除対象雇用者給与等支給増加額 (20)−(21)（マイナスの場合は0）	22	10,150,000

税額控除限度額等の計算

令和6年3月31日以前に開始した事業年度の場合

第1項適用の場合 (14)≧4%の場合 0.1	23	
(18)≧20%又は(15)−(17)>0の場合 0.05	24	
税額控除限度額 (22)×(0.15+(23)+(24))（(14)<0.03の場合は0）	25	円
第2項適用の場合 (7)≧2.5%の場合 0.15	26	
(18)≧10%又は(15)−(17)>0の場合 0.1	27	
中小企業者等税額控除限度額 (22)×(0.15+(26)+(27))（(7)<0.015の場合は0）	28	円

適用可否

| 適用可否 | 3 | 可 |

令和6年4月1日以後に開始する事業年度の場合 税額控除限度額等の計算

第1項適用の場合	(14)≧4%の場合 0.05、0.1又は0.15	29	
	(18)≧10%又は(15)=(17)>0の場合で、かつ、(19)≧0.05%の場合 0.05	30	
	プラチナくるみん又はプラチナえるぼしを取得している場合 0.05	31	
税額控除限度額 (22)×(0.1+(29)+(30)+(31))（(14)<0.03の場合は0）	32	円
第2項適用の場合	(18)≧10%又は(15)=(17)>0の場合 0.15	33	
	(18)≧10%又は(15)=(17)>0の場合で、かつ、(19)≧0.05%の場合 0.05	34	
	プラチナくるみん又はえるぼし3段階以上を取得している場合 0.05	35	
特定税額控除限度額 (22)×(0.1+(33)+(34)+(35))（(14)<0.03の場合は0）	36	円
第3項適用の場合	(7)≧2.5%の場合 0.15	37	0.15
	(18)≧5%又は(15)=(17)>0の場合で、かつ、(19)≧0.05%の場合 0.1	38	
	くるみん又はえるぼし2段階目以上を取得している場合 0.05	39	
中小企業者等税額控除限度額 (22)×(0.15+(37)+(38)+(39))（(7)<0.015の場合は0）	40	3,045,000 円
調整前法人税額（別表一「2」又は別表一の二「2」若しくは「13」）	41	16,000,000
当期税額基準額 (41)×20/100	42	3,200,000
当期税額控除可能額（((25)、(28)、(32)、(36)又は(40))と(42)のうち少ない金額）	43	3,045,000
調整前法人税額超過構成額（別表六(六)「8の㉓」）	44	
当期税額控除 (43)−(44)	45	3,045,000
差引当期税額基準額残額 (42)−(43)	46	155,000
繰越税額控除限度超過額（別表六(二十四)付表一「25の計」）	47	
同上のうち当期繰越税額控除可能額 (46)と(47)のうち少ない金額（(4)≦(5)又は(5)=0の場合は0）	48	
調整前法人税額超過構成額（別表六(六)「8の㊲」）	49	
当期繰越税額控除額 (48)−(49)	50	
法人税額の特別控除額 (45)+(50)	51	3,045,000

❶

　雇用安定助成金額は、給与等に充てるため他の者から支払を受ける金額に該当するため、これに属するＣ社が当期において受給する雇用調整助成金の金額についても給与等に充てるため他の者から支払を受ける金額として「2」欄にこれを計上します。一方、「3」欄は「2」欄に計上した給与等に充てるため他の者から支払を受ける金額のうち雇用安定助成金額に該当するものがある場合には、これをここに記載する必要があるため、「3」欄にＣ社が当期に受給する雇用調整助成金の金額を記載します。

　そして、「4」欄で雇用者給与等支給額を計算していきますが、雇用者給与等支給額は国内雇用者に対する給与等の支給額から給与等に充てるため他の者から支払を受ける金額を控除した金額となります。但し、その給与等に充てるため他の者から支払を受ける金額であってもその中に雇用安定助成金額に該当するものがある場合にはこれを国内雇用者に対する給与等の支給額からは控除しないこととされています。そのため、「4」欄では、一旦「1」欄の国内雇用者に対する給与等の支給額317,000,000円から「2」欄の給与等に充てるため他の者から支払を受ける金額2,000,000円を控除しますが、「2」欄の金額のうちその同額の雇用安定助成金額に相当する2,000,000円を取り消す形で、結局、本事例では国内雇用者に対する給与等の支給額と雇用者給与等支給額がイコールとなります。

　なお、「5」欄の調整雇用者給与等支給額は、国内雇用者に対する給与等の支給額から雇用安定助成金額を問わず全ての給与等に充てるため他の者から支払を受ける金額を控除することになるため、「5」欄は、「1」欄317,000,000円から「2」欄2,000,000円を控除した315,000,000円になります。

　比較雇用者給与等支給額及び調整比較雇用者給与等支給額についても、Ｃ社は前期も給与等に充てるため他の者から支払を受ける金額は雇用安定助成金額に該当するもののみであるため、同じように処理していくと、「11」欄の比較雇用者給与等支給額は、「7」欄の前期における国内雇用者に対する給与等の支給額と同額の306,350,0000円となり、「12」欄の調整比較雇用者給与等支給額は、「7」欄の前期における国内雇用者に対する給与等の支給額から「8」欄の前期に受けた給与等に充てるため他の者から支払を受ける金額1,500,000円を控除した304,850,000円となります。

❷

　別表6（24）では、❶で算定した雇用者給与等支給額と比較雇用者給与等支給額がそれぞれ「4」欄と「5」欄に転記されてきますが、まずは「4」欄から「5」欄を控除して「6」欄の雇用者給与等支給増加額10,650,000円（＝「4」欄317,000,000円－「5」欄306,350,000円）を算定します。

　そして、これをそのまま使って「7」欄で雇用者給与等支給増加割合を計算しますが、この割合によって中小企業向け賃上げ促進税制の適用の可否を判定していきます。つまり、中小企業向け賃上げ促進税制の適用の可否の判定では、国内雇用者に対する給与等の支給額から給与等に充てるため他の者から支払を受ける金額は控除しますが、その中でも雇用安定助成金額に相当するものがある場合にはこれを控除せずに算定した雇用者給与等支給額あるいは比較雇用者給与等支給額が計算の基礎となり、ここでは調整雇用者給与等支給額や調整比較雇用者給与等支給額は使わないことが分かります。

❸

　本事例では、雇用安定助成金額を受給しているため、雇用者給与等支給額と調整雇用者給与等支給額は一致しません。そうなると、税額控除額の計算の基礎となる控除対象雇用者給与等支給増加額は、雇用者給与等支給増加額と調整雇用者給与等支給増加額のうちいずれか少ない金額になるため、「8」欄から「10」欄で調整雇用者給与等支給増加額を計算します。「8」欄の調整雇用者給与等支給額も「9」欄の調整比較雇用者給与等支給額も付表1で計算された金額がそれぞれ転記されてきますが、「8」欄から「9」欄を控除すると「10」欄で調整雇用者給与等支給増加額が10,150,000円（＝「8」欄315,000,000円－「9」欄304,850,000円）と算定できます。

❹

　❷と❸によって、「6」欄より雇用者給与等支給増加額は10,650,000円となり、「10」欄より調整雇用者給与等支給増加額は10,150,000円となりました。そしてこれらを比較し、いずれか少ない金額が控除対象雇用者給与等支給増加額ということになるため、「10」欄の10,150,000円が「20」欄（＝「22」欄）に計上されます。

控除対象雇用者給与等支給増加額まで算定できれば、以下、**【図表6-13】**に掲げる別表6（24）の各欄の指示に従い、当期の中小企業向け賃上げ促進税制による税額控除額を計算していきます。

　本事例においても、雇用者給与等支給増加割合が「7」欄より、2.5％以上となり、雇用者給与等支給増加割合による税額控除割合の上乗せ措置を適用することができるため、控除対象雇用者給与等支給増加額に乗じる税額控除割合は＜通常要件＞の15％に＜割増要件＞の上乗せ措置15％を加えた30％となり、中小企業者等税額控除限度額は3,045,000円（＝「22」欄10,150,000円×30％）になります。

　国内雇用者に対する給与等の支給額には、「給与手当」や「賃金」などの給与関連の勘定科目以外で処理されたものであっても給与所得に該当するものがあればこれを含める必要があります。また、給与等に充てるため他の者から支払を受ける金額があればこれを国内雇用者に対する給与等の支給額から控除して雇用者給与等支給額を計算しますが、このうちに雇用安定助成金額が含まれる場合には、雇用者給与等支給額を計算する上では国内雇用者に対する給与等の支給額からは控除せず、調整雇用者給与等支給額を計算する上では控除の対象となるため、それぞれの取扱いには注意が必要です。

事例 4
出向者負担金収入と教育訓練費

　株式会社 D（以下、「D 社」といいます）は、一般貨物自動車運送業を営む、資本金 5,000 万円、従業員 90 人（役員を除きます）の中小企業者等（青色申告法人で、株主には大規模法人はおらず、また適用除外事業者にも該当しません）に該当します。
　当期（自×1年4月1日至×2年3月31日）及び前期（自×0年4月1日至×1年3月31日）の損益計算書（抜粋）は【図表 6-14】のとおりです。

【図表 6-14　D 社の当期及び前期の損益計算書（抜粋）】

<u>損益計算書</u>　＜当期＞　　　　　　　<u>損益計算書</u>　＜前期＞
　　　　自　×1年4月 1日　　　　　　　　　自　×0年4月 1日　　（単位：円）
　　　　至　×2年3月31日　　　　　　　　　至　×1年3月31日
　　　：　　　　　　　　　　　　　　　　：
　　　：　　　　　　　　　　　　　　　　：

【販売費及び一般管理費】　　　　　　　【販売費及び一般管理費】
　役 員 報 酬　　　 60,000,000　　　　　役 員 報 酬　　　 60,000,000
　給 与 手 当　　　500,000,000　　　　　給 与 手 当　　　485,000,000
　賞　　　 与　　　100,000,000　　　　　賞　　　 与　　　 90,000,000
　法定福利費　　　　　×××　　　　　　法定福利費　　　　　×××
　出向者負担金収入　△14,000,000　　　　出向者負担金収入　△14,000,000
　　　：　　　　　　　　　　　　　　　　：
　　　：　　　　　　　　　　　　　　　　：
　教育訓練費　　　　　350,000　　　　　教育訓練費　　　　　250,000
　　　：　　　　　　　　　　　　　　　　：
　　　：　　　　　　　　　　　　　　　　：

　D 社には、それぞれの役員の家族などを含め特殊関係者はいません。また、D 社からは関連会社 E 株式会社（以下、「E 社」といいます）に対し自社が雇用する R 氏と S 氏を出向させ、出向契約に基づいて E 社から出向負担金を受け取っており、これを D 社では「出向者負担金収入」という勘定科目を使って損益計算書に計上しています。
　さらに、D 社では、従業員の資質向上のため、外部のセミナー等に参加させており、これらの費用は「教育訓練費」の勘定科目で処理しています。なお、D 社はこれまで一般事業主行動計画の届出等を行ったことはありません。また、D 社は前期にも中小企業向け賃上げ促進税制の適用を受けていますが、当期に繰り越された控除税額はなく、中小企業向け賃上げ促進税制以外の税額控除制度を当期に受ける予定はありません。
　ちなみに、当期の別表1「2」欄に計上された調整前法人税額の金額は、60,000,000 円になります。

1 適用の可否と税額控除額の計算過程

(1) 適用の可否の判定

① （当期）雇用者給与等支給額
= 500,000,000 円（P/L「給与手当」）+ 100,000,000 円（P/L「賞与」）- 14,000,000 円（出向者負担金受入分）= 586,000,000 円

② （前期）雇用者給与等支給額
= 485,000,000 円（P/L「給与手当」）+ 90,000,000 円（P/L「賞与」）- 14,000,000 円（出向者負担金受入分）= 561,000,000 円

③ 雇用者給与等支給増加割合 =（①-②）／② = 4.45……%

④ ③≧ 1.5%より、中小企業向け賃上げ促進税制の適用あり

(2) 中小企業向け賃上げ促進税制による税額控除額

⑤ 雇用者給与等支給増加額 = ①-② = 25,000,000 円
（= 調整雇用者給与等支給増加額 = 控除対象雇用者給与等支給増加額）

⑥ 雇用者給与等支給増加割合（=③）≧ 2.5%より、上乗せ措置あり
また、教育訓練費が、当期(a) = 350,000 円、前期(b) = 250,000 円であるため、
((a) - (b))／(b) = 40%≧ 5%（なお、①× 0.05% = 293,000 円≦ 350,000 円）
となり、上乗せ措置あり　∴　税額控除割合 = 40%

⑦ 中小企業者等税額控除限度額 = ⑤×⑥ = 10,000,000 円

⑧ 控除上限額 = 60,000,000 円（調整前法人税額）× 20% = 12,000,000 円

⑨ 当期税額控除額 = ⑦<⑧より、10,000,000 円

2 計算の解説と別表作成

本事例では、『勘定科目内訳明細書』のうち「役員給与等の内訳書」の下欄「人件費の内訳」（以下、『人件費の内訳書』といいます）の記載内容の確認は省略します。【図表6-14】の損益計算書より、D社は役員報酬を「給与手当」と区分し、また、各役員の特殊関係者はいないため、各月の賃金台帳が損益計算書に反映されていることを前提として、これをベースに国内雇用者に対する給与等の支給額を把握するこ

とにします。こうして簡便的に国内雇用者に対する給与等の支給額の根拠を把握することができることも中小企業向け賃上げ促進税制の特典といえるでしょう。

D社では、R氏とS氏を関連会社のE社に出向させていますが、どちらもD社の従業員としてD社の賃金台帳に記載されているため、R氏及びS氏に対する給与等はD社における国内雇用者に対する給与等の支給額に含まれることになります。但し、D社は出向契約に基づき出向元であるE社から出向負担金を受け取っているため、この出向負担金は給与等に充てるため他の者から支払を受ける金額のうち補填額として、雇用者給与等支給額から控除することになります。

ここで、例えば、出向先のE社が出向元のD社に出向者であるR氏とS氏に係る給与負担金の額を支出する場合において、出向先であるE社の賃金台帳にR氏とS氏を記載しているときは、出向先であるE社が支給するその給与負担金の額は、E社の雇用者給与等支給額に含まれることになります。

また、D社では、従業員のスキルアップや知識の習得あるいは向上のため、外部研修に参加させ、その費用をD社が負担しています。こうした一定の教育訓練費については、その額が前期の教育訓練費の額に比べ5%以上増加している場合、中小企業向け賃上げ促進税制では税額控除割合につき10%の上乗せ措置を講じることができます。なお、税務申告の際に添付は不要ですが、受講等した教育訓練費については【図表6-15】のような明細書を作成し、これを保存しておく必要があります。

【図表6-15 教育訓練費の明細書】

No.	実施時期	内容及び実施期間	受講者	支払証明	支払額（税抜）
1	×1年4月19日	整備管理者研修／2日間	整備士G	領収書（添付1）	20,000
2	×1年6月11日	運行管理者等指導講習／1日間	運行管理責任H	領収書（添付2）	10,000
3	×1年8月10日	OAスキルアップ研修／10日間	事務員I	領収書（添付3）	75,000
4	×1年9月14日	リーダーシップ研修／5日間	部長J	領収書（添付4）	50,000
5	×1年11月29日	初任運転研修／1日間	ドライバーK	領収書（添付5）	8,000
⋮	⋮	⋮	⋮	⋮	⋮
				合計	350,000

(1) 国内雇用者に対する給与等の支給額と雇用者給与等支給額の計算

本事例では『人件費の内訳書』を省略しましたが、本事例の中で国内雇用者に対

する給与等の支給額の根拠を求めるならば、損益計算書に計上された各勘定科目の数字となります。そうすると、当期の国内雇用者に対する給与等の支給額は、損益計算書上の「給与手当」500,000,000 円＋「賞与」100,000,000 円＝ 600,000,000 円となり、前期の国内雇用者に対する給与等の支給額も同様に「給与手当」485,000,000 円＋「賞与」90,000,000 円＝ 575,000,000 円となります。

　但し、D 社では、R 氏と S 氏を E 社に出向させ、出向元である E 社から出向負担金を受け取っています。D 社では、**【図表 6-14】**の損益計算書からも分かるとおり、出向者への給与等は賃金台帳に反映された金額を「給与手当」及び「賞与」で処理し、受け取った出向負担金は「出向者負担金収入」として別建てをして表示しています。こうした出向元から受け取った出向負担金は、中小企業向け賃上げ促進税制においては給与等に充てるため他の者から支払を受ける金額のうち補塡額として取り扱われるため、雇用者給与等支給額からはこれを控除しなければなりません。この部分が**事例 3** で確認した雇用安定助成金額と取扱いが異なるところになります。

　この点に留意して、当期における雇用者給与等支給額と比較雇用者給与等支給額を計算すると、当期及び前期における国内雇用者に対する給与等の支給額からそれぞれ損益計算書に計上されている「出向者負担金収入」に相当する金額を控除し、雇用者給与等支給額＝ 600,000,000 円－ 14,000,000 円＝ 586,000,000 円、比較雇用者給与等支給額＝ 575,000,000 － 14,000,000 円＝ 561,000,000 円となります。

(2) 雇用者給与等支給増加割合の計算

　次に、**(1)** のとおり、受け取った出向負担金を給与等に充てるため他の者から支払を受ける金額として国内雇用者に対する給与等の支給額から控除した雇用者給与等支給額と比較雇用者給与等支給額を使って雇用者給与等支給増加割合を計算し、中小企業向け賃上げ促進税制の適用を受けることができるかどうかを判定します。そうすると、次のとおり雇用者給与等支給増加割合は 4.45……％となり、1.5％以上であることが分かるため、D 社は当期も中小企業向け賃上げ促進税制を適用できます。

$$\text{雇用者給与等支給増加割合} = \frac{586,000,000円（雇用者給与等支給額）-561,000,000円（比較雇用者給与等支給額）}{561,000,000円（比較雇用者給与等支給額）}$$

$$= 4.45……\% \geqq 1.5\%$$

(3) 控除対象雇用者給与等支給増加額の計算

　中小企業向け賃上げ促進税制を適用できることが分かれば、税額控除額の算定に向けてその計算の基礎となる控除対象雇用者給与等支給増加額を算定します。控除対象雇用者給与等支給増加額は、雇用安定助成金額に相当するものを受給していなければ、雇用者給与等支給額から比較雇用者給与等支給額を控除した金額になります。

　Ｄ社は、給与等に充てるため他の者から支払を受ける金額として出向負担金を受けていますが、**(1)** のとおり、既にこれらを控除した雇用者給与等支給額から比較雇用者給与等支給額が計算されているため、これをそのまま使って計算すると、次のとおり控除対象雇用者給与等支給増加額は 25,000,000 円となります。

$$\text{控除対象雇用者給与等支給増加額} = \underset{\text{(雇用者給与等支給額)}}{586,000,000円} - \underset{\text{(比較雇用者給与等支給額)}}{561,000,000円} = 25,000,000円$$

　事例３の雇用調整助成金のような雇用安定助成金額とは違い、同じ給与等に充てるため他の者から支払を受ける金額であっても、本事例では雇用者給与等支給額及び比較雇用者給与等支給額を算定する中で給与等に充てるため他の者から支払を受ける金額を既に控除済みであるため、改めて調整雇用者給与等支給額や調整比較雇用者給与等支給額を計算し、調整雇用者給与等支給増加額を計算する必要はありません。つまり、本事例の場合には、雇用者給与等支給額及び比較雇用者給与等支給額を計算する段階で給与等に充てるため他の者から支払を受ける金額を控除しているため、「雇用者給与等支給増加額＝調整雇用者給与等支給増加額」ということになり、雇用者給与等支給増加額がそのまま控除対象雇用者給与等支給増加額となります。

(4) 税額控除割合の決定と中小企業者等税額控除限度額の計算

　そして、本事例でのもう1つのポイントとして、税額控除割合による上乗せ要件を確認します。まずは、(2)より、雇用者給与等支給増加割合が4.45……％≧2.5％となったため、雇用者給与等支給増加割合に応じた＜割増要件＞による上乗せ措置（＋15％）を適用することができます。

　また、D社ではこれまで一般事業主行動計画の届出等を行ったことがないため、くるみん認定やえるぼし認定による「上乗せ要件②」による上乗せ措置を使うことはできませんが、当期も前期も教育訓練費に該当する支出があるため、当期に支出した教育訓練費が前期の教育訓練費よりも5％以上増加していれば「上乗せ要件①」を満たし、これによる10％の上乗せ措置を検討することができます。

　なお、【図表5-1】（再掲）のとおり、中小企業向け賃上げ促進税制以外の賃上げ促進税制では、教育訓練費の増加割合が前期比10％以上でなければこれによる上乗せ要件をクリアすることができず、また上乗せ措置も＋5％にとどまるため、ここでも中小企業へのインセンティブを感じることができます。

【図表5-1　各制度の教育訓練費の上乗せ措置】

	教育訓練費の前年度比	税額控除割合の上乗せ措置
中小企業向け賃上げ促進税制	前年度比＋5％	10％上乗せ
全企業向け賃上げ促進税制	前年度比＋10％	5％上乗せ
中堅企業向け賃上げ促進税制	前年度比＋10％	5％上乗せ

　ちなみに、従業員等に対し教育訓練費の支出がある場合には、賃上げ促進税制の適用を視野に入れて【図表6-14】のように「教育訓練費」などの勘定科目を損益計算書に表示させて、これを集計できるようにしておくとよいでしょう。但し、賃上げ促進税制では役員等に対する教育訓練費やこれに関連する交通費などの間接的な費用はこの上乗せ要件のための教育訓練費には含まれないため、損益計算書上の「教育訓練費」に集約せずに別の勘定科目で処理するよう意識しておくことも大切です。

　いずれにしても、D社の損益計算書上の「教育訓練費」は従業員に対するものだ

けが処理されており、「上乗せ要件①」を確認してみると、次のとおり、教育訓練費の増加割合が5％以上になるため、教育訓練費による上乗せ措置を適用することができます。

$$\text{教育訓練費の増加割合} = \frac{350,000円（当期P/L「教育訓練費」）-250,000円（前期P/L「教育訓練費」）}{250,000円（前期P/L「教育訓練費」）} = 40\% \geq 5\%$$

よって、D社が当期の中小企業向け賃上げ促進税制において適用できる税額控除割合は、通常要件の税額控除割合15％に、＜割増要件＞による15％の上乗せ措置を加算し、さらに「上乗せ要件①」に係る教育訓練費による上乗せ措置10％を加えた「40％」となります。

これにより、控除上限額と比較することとなる中小企業者等税額控除限度額は、次のとおり、**(3)** 控除対象雇用者給与等支給増加額に各種上乗せ措置を加味した税額控除割合40％を乗じた10,000,000円となります。

$$\text{中小企業者等税額控除限度額} = 25,000,000円（控除対象雇用者給与等支給増加額） \times 40\%（税額控除割合） = 10,000,000円$$

(5) 控除上限額の計算

中小企業向け賃上げ促進税制における税額控除額は、その事業年度の調整前法人税額の20％が上限になります。つまり、D社の当期の控除上限額は、法人税申告書別表1「2」に掲げる法人税額60,000,000円に20％を乗じた12,000,000円になります。

$$\text{控除上限額（当期税額基準額）} = 60,000,000（調整前法人税額） \times 20\% = 12,000,000円$$

(6) 税額控除額の計算

最後に、**(4)** で計算した中小企業者等税額控除限度額と **(5)** で計算した控除上限額を比較していずれか少ない金額が、当期の法人税額から控除できる中小企業向け

賃上げ促進税制による控除税額となります。

　計算の結果、**(4)** ＜ **(5)** となり、C社の当期税額控除額は、10,000,000円となります。

(7) 別表6（24）と付表1の作成の流れ

　本事例における別表の作成のポイントは、別表6（24）付表1（以下、「付表1」といいます）で給与等に充てるため他の者から支払を受ける金額を反映させる点と、別表6（24）の中で判定する教育訓練費による上乗せ措置の部分になります。こうした点に注目しながら【図表6-16】を使って中小企業向け賃上げ促進税制の適用による当期の税額控除額を計算していきます。

【図表6-16 D社の別表6（24）付表1及び別表6（24）】

給与等支給額、比較教育訓練費の額及び翌期繰越税額控除限度超過額の計算に関する明細書

事業年度：×1・4・1 〜 ×2・3・31
法人名：株式会社D

別表六(二十四)付表一　令六・四・一以後終了事業年度分

❶ 雇用者給与等支給額及び調整雇用者給与等支給額の計算

国内雇用者に対する給与等の支給額 1	(1)の給与等に充てるため他の者から支払を受ける金額 2	(2)のうち雇用安定助成金額 3	雇用者給与等支給額 (1)-(2)+(3) (マイナスの場合は0) 4	調整雇用者給与等支給額 (1)-(2) (マイナスの場合は0) 5
600,000,000 円	14,000,000 円	0 円	586,000,000	586,000,000

比較雇用者給与等支給額及び調整比較雇用者給与等支給額の計算

前事業年度 6	国内雇用者に対する給与等の支給額 7	(7)の給与等に充てるため他の者から支払を受ける金額 8	(8)のうち雇用安定助成金額 9	適用年度の月数／(6)の前事業年度の月数 10
×0・4・1 〜 ×1・3・31	575,000,000	14,000,000 円	0 円	12／12

比較雇用者給与等支給額 ((7)-(8)+(9))×(10) (マイナスの場合は0)　11　561,000,000 円

調整比較雇用者給与等支給額 ((7)-(8))×(10) (マイナスの場合は0)　12　561,000,000

継続雇用者給与等支給額及び継続雇用者比較給与等支給額の計算

	継続雇用者給与等支給額の計算	継続雇用者比較給与等支給額の計算	
	適用年度 ①	前事業年度 ②	前一年事業年度特定期間 ③
事業年度等 13	・・	・・	・・
継続雇用者に対する給与等の支給額 14	円	円	
同上の給与等に充てるため他の者から支払を受ける金額 15			
同上のうち雇用安定助成金額 16			
差引 (14)-(15)+(16) 17			
適用年度の月数／(13の③)の月数 18			
継続雇用者給与等支給額及び継続雇用者比較給与等支給額 (17)又は((17)×(18)) 19			円

❸ 比較教育訓練費の額の計算

事業年度 20	教育訓練費の額 21	適用年度の月数／(20)の事業年度の月数 22	改定教育訓練費の額 (21)×(22) 23
調年整度対象 ×0・4・1 〜 ×1・3・31	250,000 円	12／12	250,000 円
計			250,000

比較教育訓練費の額 (23の計)÷(調整対象年度数)　24　250,000

翌期繰越税額控除限度超過額の計算

事業年度	前期繰越額又は当期税額控除限度額 25	当期控除可能額 26	翌期繰越額 (25)-(26) 27
・・	円	円	外　　　円
			外
			外
			外
			外
			外
計		別表六(二十四)「48」	
当期分	別表六(二十四)「40」	別表六(二十四)「43」	外
合計			

給与等の支給額が増加した場合の法人税額の特別控除に関する明細書

事業年度	X1・4・1 ～ X2・3・31	法人名	株式会社D

別表六(二十四) 令六・四・一以後終了事業年度分

	期末現在の資本金の額又は出資金の額	1	50,000,000円
	期末現在の常時使用する従業員の数	2	90人
	適用可否	3	可

法人税額の特別控除額の計算

❷
雇用者給与等支給額 (別表六(二十四)付表一「4」)	4	586,000,000円
比較雇用者給与等支給額 (別表六(二十四)付表一「11」)	5	561,000,000
雇用者給与等支給増加額 (4)－(5) (マイナスの場合は0)	6	25,000,000
雇用者給与等支給増加割合 (6)/(5) ((5)＝0の場合は0)	7	0.0445…
調整雇用者給与等支給額 (別表六(二十四)付表一「5」)	8	586,000,000
比較調整雇用者給与等支給額 (別表六(二十四)付表一「12」)	9	561,000,000
調整雇用者給与等支給増加額 (8)－(9) (マイナスの場合は0)	10	25,000,000
継続雇用者給与等支給額 (別表六(二十四)付表一「19の①」)	11	
継続雇用者比較給与等支給額 (別表六(二十四)付表一「19の②」又は「19の③」)	12	
継続雇用者給与等支給増加額 (11)－(12) (マイナスの場合は0)	13	
継続雇用者給与等支給増加割合 (13)/(12) ((12)＝0の場合は0)	14	

❸
教育訓練費の額	15	350,000円
比較教育訓練費の額 (別表六(二十四)付表一「24」)	16	250,000
教育訓練費増加額 (15)－(16) (マイナスの場合は0)	17	100,000
教育訓練費増加割合 (17)/(16) ((16)＝0の場合は0)	18	0.4
雇用者給与等支給額比教育訓練費割合 (15)/(4)	19	0.000597…

控除対象雇用者給与等支給増加額 ((6)と(10)のうち少ない金額)	20	25,000,000円
雇用者給与等支給増加重複控除額 (別表六(二十四)付表一「12」)	21	
差引控除対象雇用者給与等支給増加額 (20)－(21) (マイナスの場合は0)	22	25,000,000

税額控除限度額等の計算

令和6年3月31日以前に開始した事業年度の場合

第1項適用の場合	(14)≧4％の場合 0.1	23	
	(18)≧20％又は(15)－(17)＞0の場合 0.05	24	
	税額控除限度額 (22)×(0.15＋(23)＋(24)) ((14)＜0.03の場合は0)	25	
第2項適用の場合	(7)≧2.5％の場合 0.15	26	
	(18)≧10％又は(15)－(17)＞0の場合 0.1	27	
	中小企業者等税額控除限度額 (22)×(0.15＋(26)＋(27)) ((7)＜0.015の場合は0)	28	

令和6年4月1日以後適用開始する事業年度の場合

第1項適用の場合	(14)≧4％の場合 (0.05、0.1又は0.15)	29	
	(18)≧10％又は(15)－(17)＞0の場合で、かつ、(19)≧0.05％の場合 0.05	30	
	プラチナくるみん又はプラチナえるぼしを取得している場合 0.05	31	
	税額控除限度額 (22)×(0.1＋(29)＋(30)＋(31)) ((14)＜0.03の場合は0)	32	
第2項適用の場合	(14)≧4％の場合 0.15	33	
	(18)≧10％又は(15)－(17)＞0の場合で、かつ、(19)≧0.05％の場合 0.05	34	
	プラチナくるみん又はえるぼし3段階以上を取得している場合 0.05	35	
	特定税額控除限度額 (22)×(0.1＋(33)＋(34)＋(35)) ((14)＜0.03の場合は0)	36	
第3項適用の場合	(7)≧2.5％の場合 0.15	37	0.15 |❹
	(18)≧5％又は(15)－(17)＞0の場合で、かつ、(19)≧0.05％の場合 0.1	38	0.1
	くるみん又はえるぼし2段階以上を取得している場合 0.05	39	
	中小企業者等税額控除限度額 (22)×(0.15＋(37)＋(38)＋(39)) ((7)＜0.015の場合は0)	40	10,000,000円

調整前法人税額 (別表一「2」又は別表一の二「2」若しくは「13」)	41	60,000,000円
当期税額基準額 (41)×20/100	42	12,000,000
当期税額控除可能額 (((25)、(28)、(32)、(36)又は(40))と(42)のうち少ない金額)	43	10,000,000
調整前法人税額超過構成額 (別表六(六)「8の⑬」)	44	
当期税額控除額 (43)－(44)	45	10,000,000
差引当期税額基準額残額 (42)－(43)	46	2,000,000

繰越分
繰越税額控除限度超過額 (別表六(二十四)付表一「25の計」)	47	
同上のうち当期繰越税額控除可能額 ((46)と(47)のうち少ない金額) ((4)≦(5)又は(5)＝0の場合は0)	48	
調整前法人税額超過構成額 (別表六(六)「8の⑰」)	49	
当期繰越税額控除額 (48)－(49)	50	

法人税額の特別控除額 (45)＋(50)	51	10,000,000

第6章 賃上げ促進税制の適用事例

❶

　出向契約に基づき出向者に対して支払われる出向負担金は給与等に充てるため他の者から支払を受ける金額に該当しますが、これらは**事例3**の雇用調整助成金とは異なり雇用安定助成金額には該当しません。

　そこで、付表1においては、まず、当期の損益計算書に計上された「給与手当」500,000,000円＋「賞与」100,000,000円＝600,000,000円を「1」欄に記載します。そして、これらのうち出向者の給与等に充てるためE社から支払を受けた出向負担金の金額として損益計算書に計上された「出向者負担金収入」14,000,000円を「2」欄に記載します。ただし、前述のとおり、出向負担金は給与等に充てるため他の者から支払を受ける金額であっても雇用安定助成金額には該当しないため、「3」欄はゼロになります。

　これらから「4」欄で雇用者給与等支給額を計算していきますが、D社は雇用安定助成金額を受けていないため、結局は「1」欄の国内雇用者に対する給与等の支給額から「2」欄の給与等に充てるため他の者から支払を受ける金額を控除した金額となり、合わせて「5」欄の調整雇用者給与等支給増加額も同じく「1」欄から「2」欄を控除した586,000,000円になります。

　比較雇用者給与等支給額及び調整比較雇用者給与等支給額についても、同じように処理していき、「11」欄の比較雇用者給与等支給額、「12」欄の調整比較雇用者給与等支給額ともに、前期の国内雇用者に対する給与等の支給額575,000,000円から前期に受けた出向負担金14,000,000円を控除した561,000,000円となります。

❷

　❶で算定した雇用者給与等支給額と比較雇用者給与等支給額は、別表6(24)のそれぞれ「4」欄と「5」欄に転記されてきますが、「4」欄から「5」欄を控除して「6」欄の雇用者給与等支給増加額は25,000,000円（＝「4」欄586,000,000円－「5」欄561,000,000円）となります。

　そして、「7」欄で雇用者給与等支給増加割合を計算すると、4.45……％≧1.5％となり、D社は当期に中小企業向け賃上げ促進税制を適用できることが分かります。さらに、D社では雇用安定助成金額を受けていないため税額控除額の計算には何ら影響は与えませんが、付表1で計算した調整雇用者給与等支給額と調整比較雇用

者給与等支給額を、それぞれ「8」欄と「9」欄に転記しておき、その差額である調整雇用者給与等支給増加額 25,000,000 円を「10」欄に記載します。給与等に充てるため他の者から支払を受ける金額のうち雇用安定助成金額を受給していなければ、雇用者給与等支給増加額「6」欄＝調整雇用者給与等支給増加額「10」欄となり、控除対象雇用者給与等支給増加額「20」欄は、これらを比較することなく 25,000,000 円となり、「22」欄の差引控除対象雇用者給与等支給増加額はそのまま 25,000,000 円となります。

❸
　そして、いよいよ教育訓練費による税額控除割合の上乗せ要件を「15」欄～「19」欄で確認していきます。上乗せ要件の確認は別表 6（24）で行いますが、前期の教育訓練費（比較教育訓練費）の額は、付表 1 で計算しておきます。
　まず、当期の教育訓練費の額を「15」欄に記載し、「16」欄の前期の教育訓練費の額は、付表 1「24」欄から転記します。申告ではこれらの金額の算定根拠となる明細書等の添付は必要ありませんが、【図表 6-15】のような資料を作成し保管しておきます。但し、そのまず第一歩として、これらの金額を【図表 6-14】のように損益計算書上の「教育訓練費」などの勘定科目で整合できるようにしておくとよいでしょう。
　「15」欄から「16」欄を控除して「17」欄で教育訓練費増加額 100,000 円を算定します。これらから教育訓練費の増加割合を「18」欄で計算すると、その割合が 40％となって、5％以上になることから、教育訓練費による「上乗せ要件①」をクリアすることが分かります。但し、上乗せ措置を適用できるかどうかの要件として、もう 1 つ当期の教育訓練費の額が雇用者給与等支給額の 0.05％以上である必要があります。これを「19」欄で確認しますが、「15」欄の当期の教育訓練費の額 350,000 円を「4」欄の雇用者給与等支給額 586,000,000 円で割ると 0.0597……％となり、0.05％以上になっているため、こちらの要件もクリアします。

❹
　D 社は中小企業向け賃上げ促進税制の適用を受けるため、「37」欄～「39」欄を使って税額控除割合を決定していきますが、「37」欄は雇用者給与等支給増加割合に

よる上乗せ措置の部分になり、「7」欄より雇用者給与等支給増加割合4.45……%≧2.5%となり、雇用者給与等支給増加割合による＜割増要件＞の適用があり15%に相当する「0.15」と記載します。

　そして、「38」欄では教育訓練費による上乗せ措置の部分になりますが、「18」欄より教育訓練費増加割合40%≧5%、かつ「19」欄より雇用者給与等支給額比教育訓練費割合0.0597…%≧0.05%となり、上乗せ措置を適用することができるため「38」欄に10%に相当する「0.1」と記載します。但し、くるみん認定やえるぼし認定による上乗せ措置の適用はなく、税額控除割合は、＜通常要件＞15%＋＜割増要件＞15%＋「上乗せ要件①」10%＝40%となります。

　よって、中小企業者等税額控除限度額「40」欄＝差引控除対象雇用者給与等支給額「22」欄×税額控除割合40%＝10,000,000円となります。

　「41」欄以降は【図表6-16】に従い当期税額控除額を計算していきますが、中小企業者等税額控除限度額＜控除上限額「42」欄となり、D社の中小企業向け賃上げ促進税制の適用による当期控除限度額は10,000,000円になります。

　本事例では、出向者負担金がある場合の中小企業向け賃上げ促進税制への影響と、教育訓練費の支出がある場合の税額控除割合の上乗せ措置について確認しました。教育訓練費はしっかりと集計できるように別科目で管理しておけば、増加割合も簡単に算定することができ、また税額控除割合の上乗せ措置による影響も大きいため、中小企業向け賃上げ促進税制による恩恵をより感じることができるはずです。

5 事例5 未払賞与の取扱いと繰越税額控除の活用

　F株式会社（以下、「F社」といいます）は、飲食店業を営む、資本金1,000万円、従業員15人（役員を除きます）の中小企業者等（青色申告法人で、株主には大規模法人はおらず、また適用除外事業者にも該当しません）に該当します。
　当期（自×1年4月1日至×2年3月31日）及び前期（自×0年4月1日至×1年3月31日）の損益計算書（抜粋）は【図表6-17】のとおりです。

【図表6-17　F社の当期及び前期の損益計算書（抜粋）】

<u>損益計算書</u>　＜当期＞
　　　自　×1年4月　1日
　　　至　×2年3月31日
　　　・
　　　・
　　　・
【販売費及び一般管理費】
　役　員　報　酬　　　9,600,000
　給　与　手　当　　 36,000,000
　賞　　　　　与
　　　・
　　　・
　　　・

<u>損益計算書</u>　＜前期＞
　　　自　×0年4月　1日　　（単位：円）
　　　至　×1年3月31日
　　　・
　　　・
　　　・
【販売費及び一般管理費】
　役　員　報　酬　　　9,600,000
　給　与　手　当　　 35,000,000
　賞　　　　　与　　　2,000,000
　　　・
　　　・
　　　・

　F社の役員は代表者の1名だけで、その家族などを含め特殊関係者はいません。
　F社の当期の経営状況は、食材の高騰や人員の補強などによって赤字（欠損）となってしまいました。一方、前期はSNSに投稿されたコメントの影響で集客数が増え、期末にはアルバイトも含め全ての従業員に臨時賞与を合計で2,000,000円支給しています。これが【図表6-17】の前期の損益計算書に計上されている「賞与」の部分になりますが、この期末賞与は3月中に支給が完了できず未払計上となってしまい、税務上では損金不算入として申告せざるを得ませんでした。この賞与は当期の×1年4月25日に全額支給しています。
　このように、F社では前期に未払処理をした賞与を前期の雇用者給与等支給額に反映できませんでしたが、前期は残業が増えたことで中小企業向け賃上げ促進税制の適用を受けることができました。但し、当期に繰り越すほどの控除税額はなく、前期以前からもこの制度を適用して繰り越された控除税額はありませんでした。また、F社では、当期中に教育訓練費の支出はなく、これまで一般事業主行動計画の届出等を行ったことも

ありません。そして、F社では、当期、前期ともに給与等に充てるため他の者から支払を受ける金額もありませんでした。
　なお、F社は当期が赤字（欠損）となったため、当期の別表1「2」欄に計上された調整前法人税額の金額は、0円です。

1 適用の可否と税額控除額の計算過程

(1) 適用の可否の判定

① （当期）雇用者給与等支給額
= 36,000,000円（P/L「給与手当」）+ 2,000,000円（前期未払（損金不算入）となった賞与）= 38,000,000円

② （前期）雇用者給与等支給額
= 35,000,000円（P/L「給与手当」）+ 2,000,000円（P/L「賞与」）- 2,000,000円（未払（損金不算入）の賞与）= 35,000,000円

③ 雇用者給与等支給増加割合 = （①-②）／② = 8.57……%

④ ③≧1.5%より、中小企業向け賃上げ促進税制の適用あり

(2) 中小企業向け賃上げ促進税制による税額控除額

⑤ 雇用者給与等支給増加額=①-②= 3,000,000円
（=調整雇用者給与等支給増加額=控除対象雇用者給与等支給増加額）

⑥ 雇用者給与等支給増加割合（=③）≧2.5%より、上乗せ措置あり
但し、その他の上乗せ措置の適用はなく、税額控除割合= 30%

⑦ 中小企業者等税額控除限度額=⑤×⑥= 900,000円

⑧ 控除上限額は、調整前法人税額が0円のため、算定不要

⑨ 当期税額控除額= 0円
但し、当期の繰越税額控除限度超過額= 900,000円あり

2 計算の解説と別表作成

本事例でも『勘定科目内訳明細書』のうち「役員給与等の内訳書」の下欄「人件

費の内訳」の記載内容の確認は省略し、当期及び前期の国内雇用者に対する給与等の支給額は損益計算書から把握することにします。但し、「人件費の内訳」と損益計算書に計上される「給与手当」等との整合性は非常に重要な工程となるため必ずチェックしておきます。

ここで、雇用者給与等支給額とは、適用年度の所得の金額の計算上損金の額に算入される全ての国内雇用者に対する給与等の支給額をいいます。つまり、会計上費用処理されたとしても、その事業年度の損金に算入されなかった給与等の支給額は雇用者給与等支給額には含まれません。

そこで、未払賞与に着目してみると、そもそも期末で未払となった賞与についてその計上した事業年度に損金算入することができるのは、次の全ての要件を満たす場合に限られます（法令72の3②）。

① その支給額を、各人別に、かつ、同時期に支給を受ける全ての使用人に対しその通知をしていること
② その通知をした金額を通知した全ての使用人に対しその通知をした日の属する事業年度終了の日の翌日から1か月以内に支払っていること
③ その支給額につきその通知をした日の属する事業年度において損金経理をしていること

F社では、これらの要件の全てを満たすことができなかったものと判断し、前期の申告上ではこの未払賞与を加算留保して損金不算入としています。そのため、前期の雇用者給与等支給額には含めることはできず、これに代わり当期に入って支給した前期の未払賞与は当期の雇用者給与等支給額に含めていきます。

また、賃上げ促進税制の中でも中小企業向け賃上げ促進税制に限っては、繰越税額控除制度が設けられています。これも中小企業に与えられたインセンティブということになります。F社では、当期が欠損となってしまったため、法人税額が発生せず、当期に税額控除を受けることはできません。しかし、翌期以降に法人税が発生し、雇用者給与等支給額が比較雇用者給与等支給額を上回りさえすれば、翌期以降その事業年度の控除上限額に達するまでは、この繰り越されてきた部分を税額控除に活用することができます。

(1) 国内雇用者に対する給与等の支給額と雇用者給与等支給額の計算

それでは、損益計算書をベースに当期の国内雇用者に対する給与等の支給額と前期の国内雇用者に対する給与等の支給額を把握します。当期の損益計算書上からは「給与手当」のみで36,000,000円、前期の損益計算書からは「給与手当」35,000,000円＋「賞与」2,000,000円＝37,000,000円となります。この情報だけで判定すると、当期よりも前期の給与等の金額が大きくなるため中小企業向け賃上げ促進税制の適用が受けられないようにみえますが、前期の損益計算書に計上された「賞与」2,000,000円は未払賞与として損金算入の要件を満たさず、申告上は損金不算入となっています。一方で、損金不算入となった前期の未払賞与は当期に支給されているため、当期に損金算入されます。

つまり、損金ベースで国内雇用者に対する給与等の支給額を算定すると、当期の国内雇用者に対する給与等の支給額は、損益計算書の「給与手当」36,000,000円に前期の未払賞与で当期に損金算入された2,000,000円をプラスして38,000,000円となり、前期の国内雇用者に対する給与等の支給額は、損益計算書の「給与手当」と「賞与」の合計37,000,000円から損金不算入として加算留保された未払賞与2,000,000円を差し引いて35,000,000円になります。

そして、F社では前期、当期ともに給与等に充てるため他の者から支払を受ける金額を受けていないため、これらの国内雇用者に対する給与等の支給額がそのまま雇用者給与等支給額及び比較雇用者給与等支給額になります。

(2) 雇用者給与等支給増加割合の計算

これにより (1) で算定した雇用者給与等支給額及び比較雇用者給与等支給額を使って中小企業向け賃上げ促進税制の適用判定をしますが、次のとおり、雇用者給与等支給増加割合が1.5％以上となり、F社は当期も中小企業向け賃上げ促進税制の適用を受けることができる要件は満たしています。

$$\text{雇用者給与等支給増加割合} = \frac{38{,}000{,}000\text{円（雇用者給与等支給額）}-35{,}000{,}000\text{円（比較雇用者給与等支給額）}}{35{,}000{,}000\text{円（比較雇用者給与等支給額）}} = 8.57\cdots\cdots\% \geq 1.5\%$$

(3) 控除対象雇用者給与等支給増加額の計算

次に、税額控除額の算定に向けてその計算の基礎となる控除対象雇用者給与等支給増加額を計算します。F社は雇用安定助成金額を含めそもそも給与等に充てるため他の者から支払を受ける金額を受けていないため、次のとおり、単純に **(1)** で算定した雇用者給与等支給額から比較雇用者給与等支給額を控除した金額が控除対象雇用者給与等支給増加額となります。

> 控除対象雇用者給与等支給増加額 ＝ 38,000,000円 － 35,000,000円 ＝ 3,000,000円
> 　　　　　　　　　　　　　　　　　（雇用者給与等支給額）　（比較雇用者給与等支給額）

(4) 税額控除割合の決定と中小企業者等税額控除限度額の計算

そして、ここで税額控除割合を決定するため上乗せ要件の適用の可否について確認します。まずは **(2)** より、雇用者給与等支給増加割合が8.57……％≧2.5％となったため、雇用者給与等支給増加割合に応じた上乗せ措置（＋15％）が適用できます。

また、F社では、当期中に教育訓練費の支出はなく、これまで一般事業主行動計画の届出等を行ったこともないため、ほかの税額控除割合の上乗せ措置を適用する余地はありません。

よって、F社の当期における税額控除割合は、＜通常要件＞15％＋＜割増要件＞15％＝30％となります。

なお、F社は当期が欠損となり中小企業向け賃上げ促進税制による税額控除は受けられないため、次のとおり、**(3)** で計算した控除対象雇用者給与等支給増加額にここで決定した税額控除割合を使って計算した中小企業者等税額控除限度額を翌期以降に繰り越していきますが、これを計算する上で税額控除割合については、要件さえクリアしていれば、特段何の制約もなく上乗せ措置を適用することができます。

> 中小企業者等税額控除限度額 ＝ 3,000,000円 × 30％ ＝ 900,000円
> 　　　　　　　　　　　　　　（控除対象雇用者給与等支給増加額）　（税額控除割合）

(5) 控除上限額の計算

 ここまでのとおり、当期、F社は欠損となるため、法人税額は発生しません。あるいは、もし当期F社に所得が生じていたとしても、(4)で計算した中小企業者等税額控除限度額が、その事業年度の調整前法人税額の20％相当額を超える場合には、その超える部分は(6)の計算のとおり、翌期繰越税額控除限度超過額として翌期以降へと繰り越していきます。

(6) 繰越税額控除限度超過額の計算

 本事例ではここがポイントということになりますが、当期に(4)中小企業者等税額控除限度額＞(5)控除上限額となった場合には、(4)のうち(5)を超えた部分を翌期以降に繰り越し、翌期以降はその期の控除上限額を限度として、繰り越されてきた部分を使った税額控除を受けることができます。この流れについては(8)で確認することにしますが、まずはF社の当期の繰越税額控除限度超過額を確認しておきます。すると、当期の法人税額はゼロであるため、次のとおり、(4)で計算した中小企業者等税額控除限度額全額を翌期以降に繰り越すことができます。

翌期繰越税額控除限度超過額 ＝ 900,000円 － 0円 ＝ 900,000円
　　　　　　　　　　　　　　　（当期税額控除限度額）　（当期控除可能額）

 なお、この計算式の中で「当期税額控除限度額」は、中小企業者等税額控除限度額と一致します。また、「当期控除可能額」は、中小企業者等税額控除限度額と控除上限額のうちいずれか少ない金額となります。本事例の場合、F社の当期の調整前法人税額はゼロのため、0円×20％＝0円となっています。

(7) 別表6（24）と付表1の作成の流れ

 本事例では中小企業向け賃上げ促進税制の繰越税額控除制度を活用するため、別表6（24）付表1（以下、「付表1」といいます）を中心に確認していきます。

 当期に控除しきれなかった中小企業者等税額控除限度額を翌期に繰り越す手段としては、付表1の下欄「翌期繰越税額控除限度超過額の計算」を使います。これが【図表6-18】の❺の部分になりますが、この繰越税額控除限度超過額を繰り越すに

【図表6-18 当期のF社の別表6（24）付表1及び別表6（24）】

給与等支給額、比較教育訓練費の額及び翌期繰越税額控除限度超過額の計算に関する明細書　事業年度 X1.4.1～X2.3.31　法人名 F株式会社

❶ 雇用者給与等支給額及び調整雇用者給与等支給額の計算

国内雇用者に対する給与等の支給額	(1)の給与等に充てるため他の者から支払を受ける金額	(2)のうち雇用安定助成金額	雇用者給与等支給額 (1)-(2)+(3) (マイナスの場合は0)	調整雇用者給与等支給額 (1)-(2) (マイナスの場合は0)
1	2	3	4	5
38,000,000 円	円	円	38,000,000	38,000,000

比較雇用者給与等支給額及び調整比較雇用者給与等支給額の計算

前事業年度	国内雇用者に対する給与等の支給額	(7)の給与等に充てるため他の者から支払を受ける金額	(8)のうち雇用安定助成金額	適用年度の月数／(6)の前事業年度の月数
6	7	8	9	10
X0.4.1～X1.3.31	35,000,000 円	円	円	12／12

比較雇用者給与等支給額 ((7)-(8)+(9))×(10) (マイナスの場合は0)　11　35,000,000
調整比較雇用者給与等支給額 ((7)-(8))×(10) (マイナスの場合は0)　12　35,000,000

継続雇用者給与等支給額及び継続雇用者比較給与等支給額の計算

	継続雇用者給与等支給額の計算	継続雇用者比較給与等支給額の計算
	適用年度 ①	前事業年度 ②	前一年事業年度特定期間 ③
事業年度等 13	・・	・・	・・
継続雇用者に対する給与等の支給額 14	円		
同上の給与等に充てるため他の者から支払を受ける金額 15			
同上のうち雇用安定助成金額 16			
差引 (14)-(15)+(16) 17			
適用年度の月数／(13の③)の月数 18			
継続雇用者給与等支給額及び継続雇用者比較給与等支給額 (17)又は((17)×(18)) 19			円

比較教育訓練費の額の計算

事業年度	教育訓練費の額	適用年度の月数／(20)の事業年度の月数	改定教育訓練費の額 (21)×(22)
20	21	22	23
調整対象 ・・ ・・ ・・	円		円
計			

比較教育訓練費の額 (23の計)÷(調整対象年度数)　24

❺ 翌期繰越税額控除限度超過額の計算

事業年度	前期繰越額又は当期税額控除限度額 25	当期控除可能額 26	翌期繰越額 (25)-(26) 27
・・	円		円
・・		外	外
・・		外	外
・・		外	外
・・		外	外
・・		外	外
・・		外	外
・・		外	外
計		別表六(二十四)「48」	
当期分	別表六(二十四)「40」 900,000	別表六(二十四)「43」 0	外 900,000
合計			900,000

第6章　賃上げ促進税制の適用事例　177

給与等の支給額が増加した場合の法人税額の特別控除に関する明細書

事業年度	X1・4・1 〜 X2・3・31	法人名	F株式会社

別表六(二十四) 令六・四・一以後終了事業年度分

項目	番号	金額
期末現在の資本金の額又は出資金の額	1	10,000,000 円
期末現在の常時使用する従業員の数	2	15 人
適用可否	3	可

法人税額の特別控除額の計算

雇用者給与等支給額（別表六(二十四)付表一「4」）	4	38,000,000 円
比較雇用者給与等支給額（別表六(二十四)付表一「11」）	5	35,000,000
雇用者給与等支給増加額 (4)−(5)（マイナスの場合は0）	6	3,000,000
雇用者給与等支給増加割合 (6)/(5)（(5)=0の場合は0）	7	0.0857...
調整雇用者給与等支給額（別表六(二十四)付表一「5」）	8	38,000,000 円
調整比較雇用者給与等支給額（別表六(二十四)付表一「12」）	9	35,000,000
調整雇用者給与等支給増加額 (8)−(9)（マイナスの場合は0）	10	3,000,000
継続雇用者給与等支給額（別表六(二十四)付表一「19の①」）	11	
継続雇用者比較給与等支給額（別表六(二十四)付表一「19の②」又は「19の③」）	12	
継続雇用者給与等支給増加額 (11)−(12)（マイナスの場合は0）	13	
継続雇用者給与等支給増加割合 (13)/(12)（(12)=0の場合は0）	14	
教育訓練費の額	15	
比較教育訓練費の額（別表六(二十四)付表一「24」）	16	
教育訓練費増加額 (15)−(16)（マイナスの場合は0）	17	
教育訓練費増加割合 (17)/(16)（(16)=0の場合は0）	18	
雇用者給与等支給額比教育訓練費割合 (15)/(4)	19	
控除対象雇用者給与等支給増加額 (6)と(10)のうち少ない金額	20	3,000,000 円
雇用者給与等支給増加重複控除額（別表六(二十四)付表二「12」）	21	
差引控除対象雇用者給与等支給増加額 (20)−(21)（マイナスの場合は0）	22	3,000,000

税額控除限度額等の計算

令和6年3月31日以前に開始した事業年度の場合

項目	番号	金額
第1項適用の場合 (14)≧4％の場合 0.1	23	
(18)≧20％又は(15)=(17)>0の場合 0.05	24	
税額控除限度額 (22)×(0.15+(23)+(24))（(14)<0.03の場合は0）	25	円
第2項適用の場合 (7)≧2.5％の場合 0.15	26	
(18)≧10％又は(15)=(17)>0の場合 0.1	27	
中小企業者等税額控除限度額 (22)×(0.15+(26)+(27))（(7)<0.015の場合は0）	28	円

令和6年4月1日以後に開始する事業年度の場合

項目	番号	金額
第1項適用の場合 (14)≧4％の場合 (0.05、0.1又は0.15)	29	
(18)≧10％又は(15)=(17)>0の場合で、かつ、(19)≧0.05％の場合 0.05	30	
プラチナくるみん又はプラチナえるぼしを取得している場合 0.05	31	
税額控除限度額 (22)×(0.1+(29)+(30)+(31))（(14)<0.03の場合は0）	32	円
(14)≧4％の場合 0.15	33	
(18)≧10％又は(15)=(17)>0の場合で、かつ、(19)≧0.05％の場合 0.05	34	
プラチナくるみん又はえるぼし3段階以上を取得している場合 0.05	35	
特定税額控除限度額 (22)×(0.1+(33)+(34)+(35))（(14)<0.03の場合は0）	36	円
第2項適用の場合 (7)≧2.5％の場合 0.15	37	0.15
(18)≧5％又は(15)=(17)>0の場合で、かつ、(19)≧0.05％の場合 0.1	38	
くるみん又はえるぼし2段階目以上を取得している場合 0.05	39	
中小企業者等税額控除限度額 (22)×(0.15+(37)+(38)+(39))（(7)<0.015の場合は0）	40	900,000 円

項目	番号	金額
調整前法人税額（別表一「2」又は別表一の二「2」若しくは「13」）	41	0
当期税額基準額 (41)×20/100	42	0
当期税額控除可能額 ((25)、(28)、(32)、(36)又は(40))と(42)のうち少ない金額	43	0
調整前法人税額超過構成額（別表六(六)「8の㉕」）	44	
当期税額控除額 (43)−(44)	45	0

繰越分

項目	番号	金額
差引当期税額基準額残額 (42)−(43)	46	0
繰越税額控除限度超過額（別表六(二十四)付表一「25の計」）	47	
同上のうち当期繰越税額控除可能額 ((46)と(47)のうち少ない金額)	48	
(4)≦(5)又は(5)=0の場合は0		
調整前法人税額超過構成額（別表六(六)「8の㊲」）	49	
当期繰越税額控除額 (48)−(49)	50	
法人税額の特別控除額 (45)+(50)	51	0

178

は、5年間、この繰越税額控除限度超過額を使い切るまで毎期必ず付表1を添付して申告し続けなければなりません。

❶

　F社では、当期、前期ともに給与等に充てるため他の者から支払を受ける金額を受けていないため、「1」欄又は「7」欄の国内雇用者に対する給与等の支給額がそのまま雇用者給与等支給額又は比較雇用者給与等支給額としてそれぞれ「4」欄及び「5」欄に38,000,000円又は「11」欄及び「12」欄に35,000,000円が転記されます。

❷

　❶で雇用者給与等支給額と比較雇用者給与等支給額が算定できれば別表6(24)の作成に移ります。

　これまでの事例のとおり、付表1で確定した雇用者給与等支給額と比較雇用者給与等支給額が「4」欄と「5」欄に転記され、これを使って「7」欄で雇用者給与等支給増加割合を求めると8.57……％となるため、ここで当期F社は中小企業向け賃上げ促進税制の適用要件をクリアしたことが分かります。そして、雇用者給与等支給額と比較雇用者給与等支給額がそのまま調整雇用者給与等支給額と調整比較雇用者給与等支給額となり、その差額3,000,000円が控除対象雇用者給与等支給増加額、そして差引控除対象雇用者給与等支給増加額として「22」欄に記載されます。

❸

　「7」欄より、雇用者給与等支給増加割合が2.5％以上になるため、雇用者給与等支給増加割合による税額控除割合の＜割増要件＞をクリアし、「37」欄に「0.15」と記載して上乗せ措置を受けます。そして、「22」欄の差引控除対象雇用者給与等支給増加額3,000,000円に上乗せ措置を加味した税額控除割合30％（＝＜通常要件＞15％＋＜割増要件＞15％）を乗じると「40」欄で中小企業者等税額控除限度額が900,000円と算定できます。

❹

　そして、当期の中小企業向け賃上げ促進税制における控除上限額を計算します

が、調整前法人税額「41」欄が0円になるため、「42」欄の控除上限額もそのまま「0」円となり、「43」欄の当期税額控除可能額は0円となります。よって、当期分に関しては中小企業向け賃上げ促進税制の適用を受けることができないため、「45」欄の当期税額控除額も0円になります。

❺

ただ、ここで終わりではなく、別表6（24）「40」欄に中小企業者等税額控除限度額が生じ、さらにこれが「43」欄の当期税額控除可能額の金額を超えていれば、もう一度付表1に目を移します。付表1「翌期繰越税額控除限度超過額の計算」欄を使って、この中小企業者等税額控除限度額のうち当期税額控除可能額を超えた部分を翌期以降に繰り越します。

本事例では、当期に初めて中小企業向け賃上げ促進税制の繰越税額控除制度を適用するため、❸で計算した中小企業者等税額控除限度額900,000円を「25」欄の「当期分」に転記します。そして、このうち当期の控除上限額を「26」欄の「当期分」に転記しますが、F社の当期の調整前法人税はゼロであったため、これを計算した別表6（24）「43」欄の0円を転記します。こうして、「25」欄から「26」欄を控除した翌期以降に繰り越すことができる当期の中小企業者等税額控除限度額900,000円が「27」欄の「当期分」で計算され、そのまま「合計」として翌期以降へと繰り越されていきます。

なお、例えば、ここでF社の調整前法人税額が500,000円生じていたとします。そうすると控除上限額は500,000円×20％＝100,000円となり、この金額は別表6（24）「42」欄で計算されます。そして、当期の中小企業者等税額控除限度額と「42」欄の控除上限額とを比較しいずれか少ない金額が税額控除可能額として「43」欄に記載されます。これを前提に、中小企業者等税額控除限度額が900,000円のままで付表1の流れを確認しておくと、まず「25」欄の「当期分」は同じく900,000円となりますが、「26」欄には当期の税額控除可能額100,000円が別表6（24）「43」欄から転記され、「25」欄から「26」欄を控除した800,000円（＝900,000円－100,000円）が、当期分の繰越税額控除限度超過額として「27」欄の「翌期繰越額」に計上されます。

❻

　再び別表6（24）に戻り、次に前期から繰り越されてきた繰越税額控除限度超過額が当期に使えるかどうか、使えるとすればどれくらい使えるかをここで記載していきます。❺では、当期に発生した繰越税額控除限度超過額を翌期へと繰り越す手続きでしたが、これとは逆に前期までに繰り越されてきた繰越税額控除限度超過額をここで当期に反映させていきます。

　ただし、当期のF社は欠損となっており税額控除そのものを受けることはできず、繰り越されてきた繰越税額控除限度超過額があったとしてもここでは使うことができないため、この部分に関しては、**(8)** で確認していきます。

(8) 翌期以降の繰越税額控除限度超過額の活用

　それでは、仮にここで翌期（自×2年4月1日至×3年3月31）のF社の国内雇用者に対する給与等の支給額を38,500,000円とし、調整前法人税額を5,000,000円とします。また、これまでと同様に、教育訓練費の支出や一般事業主行動計画の届出等を行ったことはなく、給与等に充てるため他の者から支払を受ける金額もなかったものとします。

　これを前提に、【図表6-19】のとおり、翌期に作成した別表6（24）と付表1をベースに繰越税額控除限度超過額の活用の流れについてみていくことにします。

【図表6-19 翌期のF社の別表6（24）付表1及び別表6（24）】

給与等支給額、比較教育訓練費の額及び翌期繰越税額控除限度超過額の計算に関する明細書

事業年度 ×2.4.1 ～ ×3.3.31　法人名 F株式会社

別表六(二十四)付表一　令六・四・一以後終了事業年度分

❶ 雇用者給与等支給額及び調整雇用者給与等支給額の計算

国内雇用者に対する給与等の支給額 1	(1)の給与等に充てるため他の者から支払を受ける金額 2	(2)のうち雇用安定助成金額 3	雇用者給与等支給額 (1)-(2)+(3) (マイナスの場合は0) 4	調整雇用者給与等支給額 (1)-(2) (マイナスの場合は0) 5
38,500,000 円	円	円	38,500,000	38,500,000

比較雇用者給与等支給額及び調整比較雇用者給与等支給額の計算

前事業年度 6	国内雇用者に対する給与等の支給額 7	(7)の給与等に充てるため他の者から支払を受ける金額 8	(8)のうち雇用安定助成金額 9	適用年度の月数 (6)の前事業年度の月数 10
×1.4.1 ×2.3.31	38,000,000 円	円	円	12/12

比較雇用者給与等支給額 ((7)-(8)+(9))×(10) (マイナスの場合は0)	11	38,000,000 円
調整比較雇用者給与等支給額 ((7)-(8))×(10) (マイナスの場合は0)	12	38,000,000

継続雇用者給与等支給額及び継続雇用者比較給与等支給額の計算

		継続雇用者給与等支給額の計算 ①	継続雇用者比較給与等支給額の計算 ②	前一年事業年度特定期間
		適用年度	前事業年度	
事業年度等	13	・ ・	・ ・	・ ・
継続雇用者に対する給与等の支給額	14	円	円	円
同上の給与等に充てるため他の者から支払を受ける金額	15			
同上のうち雇用安定助成金額	16			
差引 (14)-(15)+(16)	17			
適用年度の月数 (13)の③の月数	18			
継続雇用者給与等支給額及び継続雇用者比較給与等支給額 (17)又は((17)×(18))	19			円

比較教育訓練費の額の計算

事業年度 20	教育訓練費の額 21	適用年度の月数 (20)の事業年度の月数 22	改定教育訓練費の額 (21)×(22) 23
調年 ・ ・	円		円
整度 ・ ・			
対			
象			
計			

比較教育訓練費の額 (23の計)÷(調整対象年度数)	24	

❺ 翌期繰越税額控除限度超過額の計算

事業年度	前期繰越額又は当期税額控除限度額 25	当期控除可能額 26	翌期繰越額 (25)-(26) 27
・ ・	円	円	
・ ・		外	円
・ ・		外	
・ ・		外	
・ ・		外	
・ ・		外	
・ ・		外	
×1.4.1 ×2.3.31	900,000	900,000	0
計	900,000	別表六(二十四)「48」 900,000	0
当期分	別表六(二十四)「40」 0	別表六(二十四)「43」 0	外 0
合計			0

182

給与等の支給額が増加した場合の法人税額の特別控除に関する明細書

事業年度	X2・4・1 ～ X3・3・31	法人名	F株式会社

別表六(二十四) 令六・四・一以後終了事業年度分

	法人税額の特別控除額の計算			
	期末現在の資本金の額又は出資金の額	1	10,000,000 円	
	期末現在の常時使用する従業員の数	2	15 人	
	適 用 可 否	3	可	

	法 人 税 額 の 特 別 控 除 額 の 計 算		
❷	雇用者給与等支給額 (別表六(二十四)付表一「4」)	4	38,500,000
	比較雇用者給与等支給額 (別表六(二十四)付表一「11」)	5	38,000,000
	雇用者給与等支給増加額 (4)－(5) (マイナスの場合は0)	6	500,000
	雇用者給与等支給増加割合 (6)／(5) ((5)＝0の場合は0)	7	0.0131…
調整雇用者給与等支給	調整雇用者給与等支給額 (別表六(二十四)付表一「5」)	8	38,500,000
	調整比較雇用者給与等支給額 (別表六(二十四)付表一「12」)	9	38,000,000
	調整雇用者給与等支給増加額 (8)－(9) (マイナスの場合は0)	10	500,000
継続雇用者給与等支給増加割合の計算	継続雇用者給与等支給額 (別表六(二十四)付表一「19の①」)	11	
	継続雇用者比較給与等支給額 (別表六(二十四)付表一「19の②」又は「19の③」)	12	
	継続雇用者給与等支給増加額 (11)－(12) (マイナスの場合は0)	13	
	継続雇用者給与等支給増加割合 (13)／(12) ((12)＝0の場合は0)	14	
教育訓練費増加割合の計算	教育訓練費の額	15	
	比較教育訓練費の額 (別表六(二十四)付表一「24」)	16	
	教育訓練費増加額 (15)－(16)	17	
	教育訓練費増加割合 (17)／(16) ((16)＝0の場合は0)	18	
	雇用者給与等支給額比教育訓練費割合 (15)／(4)	19	
	控除対象雇用者給与等支給増加額 (6)と(10)のうち少ない金額	20	500,000 円
	雇用者給与等支給増加重複控除額 (別表六(二十四)付表二「12」)	21	
	差引控除対象雇用者給与等支給増加額 (20)－(21) (マイナスの場合は0)	22	500,000

税額控除限度額等の計算	令和6年3月31日以前に開始した事業年度の場合	第1項適用の場合	(14)≧4％の場合 0.1	23	
			(18)≧20％又は(15)＝(17)＞0の場合 0.05	24	
			税額控除限度額 (22)×(0.15＋(23)＋(24)) ((14)＜0.03の場合は0)	25	円
		第2項適用の場合	(7)≧2.5％の場合 0.15	26	
			(18)≧10％又は(15)＝(17)＞0の場合 0.1	27	
			中小企業者等税額控除限度額 (22)×(0.15＋(26)＋(27)) ((7)＜0.015の場合は0)	28	円

	令和6年4月1日以後に開始する事業年度の場合	第1項適用の場合	(14)≧4％の場合 0.05、0.1又は0.15	29	
			(18)≧10％又は(15)＝(17)＞0の場合で、かつ、(19)≧0.05％の場合 0.05	30	
			プラチナくるみん又はプラチナえるぼしを取得している場合 0.05	31	
			税額控除限度額 (22)×(0.1＋(29)＋(30)＋(31)) ((14)＜0.03の場合は0)	32	円
		第2項適用の場合	(14)≧10％又は(15)＝(17)＞0の場合で、かつ、(19)≧0.05％の場合 0.15	33	
			(18)≧10％又は(15)＝(17)＞0の場合で、かつ、(19)≧0.05％の場合 0.05	34	
			プラチナくるみん又はえるぼし3段階目以上を取得している場合 0.05	35	
			特定税額控除限度額 (22)×(0.1＋(33)＋(34)＋(35)) ((14)＜0.03の場合は0)	36	円
❸		第3項適用の場合	(7)≧2.5％の場合 0.15	37	
			(18)≧5％又は(15)＝(17)＞0の場合で、かつ、(19)≧0.05％の場合 0.1	38	
			くるみん又はえるぼし2段階目以上を取得している場合 0.05	39	
			中小企業者等税額控除限度額 (22)×(0.15＋(37)＋(38)＋(39)) ((7)＜0.015の場合は0)	40	円

❹	調整前法人税額 (別表一「2」又は別表一の二「2」若しくは「13」)	41	5,000,000
	当期税額基準額 (41)×20/100	42	1,000,000
	当期税額控除可能額 ((25)、(28)、(32)、(36)又は(40))と(42)のうち少ない金額	43	0
	調整前法人税額超過構成額 (別表六(六)「8の㉓」)	44	
	当期税額控除額 (43)－(44)	45	0

❻	前期繰越分	差引当期税額基準額残額 (42)－(43)	46	1,000,000
		繰越税額控除限度超過額 (別表六(二十四)付表一「25の計」)	47	900,000
		同上のうち当期繰越税額控除可能額 ((46)、(47)のうち少ない金額) ((4)≦(5)又は(5)＝0の場合は0)	48	900,000
		調整前法人税額超過構成額 (別表六(六)「8の㊸」)	49	
		当期繰越税額控除額 (48)－(49)	50	900,000

	法人税額の特別控除額 (45)＋(50)	51	900,000

❶

　これまでと同様に、まずは雇用者給与等支給額を算定するため、付表1から確認します。F社の翌期（以下、これ以降は「適用年度」といいます）の国内雇用者に対する給与等の支給額は 38,500,000 円で、雇用安定助成金額を含め、給与等に充てるため他の者から支払を受ける金額はないため、「4」欄の雇用者給与等支給額も「5」欄の調整雇用者給与等支給額も 38,500,000 円となります。

　また、【図表6-18】に戻ると、当期（以下、これ以降は「適用年度の前年度」といいます）の付表1には国内雇用者に対する給与等の支給額も雇用者給与等支給額も 38,000,000 円が計上されているため、これがそのまま適用年度の比較雇用者給与等支給額として転記され、「11」欄の比較雇用者給与等支給額も「12」欄の調整比較雇用者給与等支給額も 38,000,000 円となります。

❷

　付表1で雇用者給与等支給額や比較雇用者給与等支給額が算定できれば、これが別表6（24）の各欄に転記されます。そして、これらを使って「7」欄で雇用者給与等支給増加割合を計算すると、1.31……％＜1.5％となり、ここでは中小企業向け賃上げ促進税制の適用が受けられないことが分かります。しかし、雇用者給与等支給増加割合が1.5％を下回っていても、適用年度に法人税額が生じ、かつ、雇用者給与等支給額が比較雇用者給与等支給額を上回ってさえいれば、適用年度の前年度から繰り越されてきた繰越税額控除限度超過額を使って適用年度の控除上限額の範囲内で税額控除を適用することができるため、このまま別表6（24）の作成を続けます。

❸

　❷の「7」欄で雇用者給与等支給増加割合が1.5％未満となったことで、適用年度ではその年度分としての中小企業向け賃上げ促進税制を受けることはできず、中小企業者等税額控除限度額を記載する「40」欄は空欄となります。

❹

　❸で中小企業者等税額控除限度額が算定されなくても、この適用年度においては

5,000,000円の調整前法人税額が生じているため、❷のとおり、適用年度の前年度から繰り越されてきた繰越税額控除限度超過額を使えば適用年度に税額控除を受けることができます。しかし、やはりここでもその上限額は調整前法人税額の20％相当額となります。そこで、「41」欄と「42」欄を使ってこの事業年度の控除上限額を計算すると1,000,000円（＝調整前法人税額5,000,000円×20％）になります。

但し、「43」欄と「45」欄は、この事業年度分に係る中小企業向け賃上げ促進税制の適用はないため、0円となります。

❺・❻

そして、いよいよ適用年度の前年度から繰り越されてきた繰越税額控除限度超過額を使っていきます。一旦ここで付表1に戻ると、「25」欄には適用年度の前年度の付表1から繰り越されてきた金額が転記されてきます。そして、このうち適用年度において税額控除として使える金額を判定していきますが、その税額控除額は、❹のとおり、適用年度の控除上限額が限度となります。

別表6（24）と付表1を行ったり来たりしますが、ここでもう一度別表6（24）に戻り、適用年度で使える繰越税額控除限度超過額のうちその控除可能額を❻で算定します。適用年度の控除上限額は「42」欄のとおり1,000,000円と計算でき、これがそのまま「46」欄に転記されます。また、適用年度の前年度から繰り越されてきた繰越税額控除限度超過額は付表1「25」欄のとおり900,000円となっているため、これもそのまま「47」欄に転記します。これらを比べると、繰越税額控除限度超過額は適用年度の控除上限額を超えていないため、適用年度の前年度から繰り越されてきた繰越税額控除限度超過額の金額が「48」欄に転記され、これがそのまま「50」欄の当期繰越税額控除額として適用年度の法人税額から控除されます。

そして、別表6（24）「48」欄に記載した当期繰越税額控除可能額は、❺のとおり、付表1「26」欄に当期控除可能額として転記されます。本事例では、適用年度の前年度から繰り越されてきた繰越税額控除限度超過額を適用年度において全て使い切りましたが、もしここで繰越税額控除限度超過額を使い切れなかった場合には、「27」欄で翌期繰越額としてさらに適用年度の翌期以降に繰り越されていきます。なお、付表1を使って繰り越されてきた過年度からの繰越税額控除限度超過額をその事業年度の当期繰越税額控除可能額として使うときは、古い年度のものから順次消

化していきます。

　本事例のように、賃上げ促進税制の中でも中小企業向け賃上げ促進税制には繰越税額控除制度が設けられています。たとえ当期が赤字になったとしても雇用者給与等支給額が比較雇用者給与等支給額を上回り、雇用者給与等支給増加割合が1.5％以上になった場合には、この繰越税額控除制度を活用します。

　また、繰り越された繰越税額控除限度超過額を使うときには、雇用者給与等支給増加割合が何％以上でなければならないといった縛りはありません。こうした使い勝手が良く、中小企業に与えられたインセンティブは逃さないようにしましょう。

事例6 中小企業による中堅企業向け賃上げ促進税制の活用

　株式会社G（以下、「G社」といいます）は、卸売業を営む、資本金2,000万円、従業員85人（役員を除き、全て雇用保険の一般被保険者に該当します）の中小企業者等（青色申告法人で、株主には大規模法人はおらず、また適用除外事業者にも該当しません）に該当します。

　当期（自×1年4月1日至×2年3月31日）及び前期（自×0年4月1日至×1年3月31日）の損益計算書（抜粋）は【図表6-20】のとおりです。

【図表6-20　G社の当期及び前期の損益計算書（抜粋）】

```
損益計算書　＜当期＞              損益計算書　＜前期＞
   自　×1年4月 1日                  自　×0年4月 1日      （単位：円）
   至　×2年3月31日                  至　×1年3月31日
    ・                                ・
    ・                                ・
    ・                                ・
【販売費及び一般管理費】          【販売費及び一般管理費】
   役 員 報 酬    36,000,000         役 員 報 酬    36,000,000
   給 与 手 当   485,000,000         給 与 手 当   475,000,000
   賞　　　　与   40,000,000         賞　　　　与   45,000,000
    ・                                ・
    ・                                ・
    ・                                ・
```

　G社の役員は3名ですが、従業員の中には各役員の家族などを含め特殊関係者はいません。G社では、当期の12月にベテラン2人が退職しましたが、その退職を見込んで当期の4月に5人の新人を採用しました。

　なお、G社では、当期中に教育訓練費の支出はなく、これまで一般事業主行動計画の届出等を行ったこともありません。そして、当期、前期ともに給与等に充てるため他の者から支払を受ける金額もありませんでした。

　また、G社の当期の別表1「2」欄に計上された調整前法人税額の金額は、10,000,000円です。

1 適用の可否と税額控除額の計算過程

(1) 適用の可否の判定

① （当期）雇用者給与等支給額
＝ 485,000,000 円（P/L「給与手当」）＋ 40,000,000 円（P/L「賞与」）＝ 525,000,000 円

② （前期）雇用者給与等支給額
＝ 475,000,000 円（P/L「給与手当」）＋ 45,000,000 円（P/L「賞与」）＝ 520,000,000 円

③ 雇用者給与等支給増加割合 ＝ （①－②）／② ＝ 0.96……％

④ ③＜1.5％より、中小企業向け賃上げ促進税制の適用不可

2 計算の解説と別表作成

本事例では、【図表6-20】の損益計算書より、当期の国内雇用者に対する給与等の支給額が前期の国内雇用者に対する給与等の支給額を上回っていますが、雇用者給与等支給増加割合を計算してみると0.96……％となり、中小企業向け賃上げ促進税制の適用要件である1.5％には達しませんでした。そのため、当期は中小企業向け賃上げ促進税制の適用を受けることはできません。

しかし、これが結論ではありません。なぜなら、本事例のように、当期の国内雇用者に対する給与等の支給額が前期の国内雇用者に対する給与等の支給額を上回っているならば、中堅企業向け賃上げ促進税制や全企業向け賃上げ促進税制の適用の余地が残されています。どちらも当期の継続雇用者の給与等支給額が前期のものよりも3％以上上回ればどちらかの賃上げ促進税制を適用することができますが、適用要件を満たすのであれば、G社は中小企業者等に該当するため、有利な中堅企業向け賃上げ促進税制を選択します。

(1) 国内雇用者に対する給与等の支給額と雇用者給与等支給額の計算

【図表6-20】を使って、当期と前期の国内雇用者に対する給与等の支給額を算定します。当期は「給与手当」485,000,000 円＋「賞与」40,000,000 円 ＝ 525,000,000 円で、前期は「給与手当」475,000,000 円＋「賞与」45,000,000 ＝ 520,000,000 円です。

G社では前期、当期ともに給与等に充てるため他の者から支払を受ける金額を受

けていないため、これらの国内雇用者に対する給与等の支給額がそのまま雇用者給与等支給額及び比較雇用者給与等支給額になります。

(2) 雇用者給与等支給増加割合の計算

(1)で算定した雇用者給与等支給額及び比較雇用者給与等支給額を使って中小企業向け賃上げ促進税制の適用判定をしますが、次のとおり、雇用者給与等支給増加割合が1.5％未満となり、改めてG社は中小企業向け賃上げ促進税制の適用を受けることができないことが分かります。

$$\text{雇用者給与等支給増加割合} = \frac{525{,}000{,}000円（雇用者給与等支給額）- 520{,}000{,}000円（比較雇用者給与等支給額）}{520{,}000{,}000円（比較雇用者給与等支給額）}$$
$$= 0.96\cdots\cdots\% < 1.5\%$$

しかし、ここで終わりではありません。前述のとおり、当期の雇用者給与等支給額が比較雇用者給与等支給額を上回っているならば、中堅企業向け賃上げ促進税制の適用の検討へと移ります。

(3) 継続雇用者給与等支給額の計算

それでは、ここからは中堅企業向け賃上げ促進税制の適用に向けた確認とその手続きへと進んでいきます。

中堅企業向け賃上げ促進税制の適用要件は、継続雇用者給与等支給増加割合が3％以上である必要がありますが、継続雇用者給与等支給増加割合は次の算式により計算します。

$$\text{継続雇用者給与等支給増加割合} = \frac{\text{継続雇用者給与等支給額} - \text{継続雇用者比較給与等支給額}}{\text{継続雇用者比較給与等支給額}} \geq 3\%$$

なお、継続雇用者給与等支給額とは、前事業年度及び適用年度の全ての月分の給与等の支給を受け、雇用保険の一般被保険者に該当する一定の国内雇用者で、そのうち継続雇用者に対する適用年度における給与等の支給額をいい、継続雇用者比較給与等支給額とは、前事業年度におけるその継続雇用者に対する前事業年度分の給与等支給額をいいます。

つまり、G社の場合、前期の×0年4月〜当期の×2年3月までの全期間に在籍していた雇用保険の一般被保険者である従業員の給与等を抽出しこれを集計すれば、継続雇用者給与等支給額及び継続雇用者比較給与等支給額を計算することができます。その1つの方法として、【図表6-21】のように、給与ソフトから期間を絞って従業員全員の給与台帳のデータをエクセルに取り込みます。なお、【図表6-21】は便宜上千円単位にしていますが、申告は円単位です。

【図表6-21　継続雇用者の給与等支給額計算書】

×2.3月期　賃金台帳

	×1.4	×1.5	×1.6	賞与	×1.7	×1.8	×1.9	×1.10	×1.11	×1.12	賞与	×2.1	×2.2	×2.3	合計
H	600	600	600	650	600	600	600	600	600	600	850	600	600	600	8,700
I	525	525	525	550	525	525	525	525	525	525	800	525	525	525	7,650
J	550	550	550	550	550	550	550	550	550	550	800	550	550	550	7,950
︙	︙	︙	︙	︙	︙	︙	︙	︙	︙	︙	︙	︙	︙	︙	︙
ベテランL	700	700	700												
ベテランM	700	700	700												
︙	︙	︙	︙	︙	︙	︙	︙	︙	︙	︙	︙	︙	︙	︙	︙
P	230	230	230	250	230	230	230								
Q	410	410	410	420	410	410	410	410	410	410	550	410	410	410	5,890
R	210	210	210												
中途S	300	300	300		300	300	300	300	300	300	350	300	300	300	
中途T	300	300	300		300	300	300	300	300	300	350	300	300	300	
新人U	200	200	200		200	200	200	200	200	200	250	200	200	200	
新人V	200	200	200		200	200	200	200	200	200	250	200	200	200	
新人W	200	200	200		200	200	200	200	200	200	250	200	200	200	

……合計＝465,000

×1.3月期　賃金台帳

	×0.4	×0.5	×0.6	賞与	×0.7	×0.8	×0.9	×0.10	×0.11	×0.12	賞与	×1.1	×1.2	×1.3	合計
H	550	550	550	600	550	550	550	550	550	550	800	550	550	550	8,000
I	500	500	500	500	500	500	500	500	500	500	750	500	500	500	7,250
J	520	520	520	520	520	520	520	520	520	520	750	520	520	520	7,490
︙	︙	︙	︙	︙	︙	︙	︙	︙	︙	︙	︙	︙	︙	︙	︙
ベテランL	700	700	700	700	700	700	700	700	700	700	900	700	700	700	
ベテランM	700	700	700	700	700	700	700	700	700	700	900	700	700	700	
︙	︙	︙	︙	︙	︙	︙	︙	︙	︙	︙	︙	︙	︙	︙	︙
P	225	225	225	225	225	225	225	225	225	225	225	225	225	225	
Q	400	400	400	450	400	400	400	400	400	400	500	400	400	400	5,750
R					210	210	210	210	210	210	150	210	210	210	
中途S															
中途T															
新人U															
新人V															
新人W															

……合計＝450,000

【図表6-21】のように、従業員の給与台帳のデータを取り込み、全期間給与の金額が表示されている従業員を色付けます。そして、色付けた従業員の給与等を当期、前期に区分して合計すれば、継続雇用者給与等支給額及び継続雇用者比較給与

等支給額を計算できます。従業員数が多い場合には、逆に雇用保険の一般被保険者以外の従業員や中途採用あるいは前期又は当期中に退職した従業員の給与等を抽出し、これをP/L等に計上されている給与手当等の金額から控除していくというやり方も1つの方法といえるでしょう。

いずれにしても、G社の場合、【図表6-21】より、継続雇用者給与等支給額は、「×2年3月期　賃金台帳」で色付けをした給与等の合計465,000,000円となり、同じように継続雇用者比較給与等支給額は、「×1年3月期　賃金台帳」で色付けをした給与等の合計450,000,000円となります。

これにより、継続雇用者給与等支給増加割合を計算すると、次のとおり、3.33……％となり、中堅企業向け賃上げ促進税制が適用できます。

$$\text{継続雇用者給与等支給増加割合} = \frac{465,000,000円（継続雇用者給与等支給額）- 450,000,000円（継続雇用者比較給与等支給額）}{450,000,000円（継続雇用者比較給与等支給額）}$$
$$= 3.33……\% \geq 3\%$$

(4) 税額控除割合の決定と特定税額控除限度額の計算

中堅企業向け賃上げ促進税制においても税額控除割合の上乗せ措置が講じられているため、ここで上乗せ要件の適用の可否について確認します。中堅企業向け賃上げ促進税制では、(3)で算出した継続雇用者給与等支給増加割合が4％以上の割増要件を満たせば通常要件の10％に15％を上乗せすることができますが、G社の当期の継続雇用者給与等支給増加割合は3.33……％であるため、これによる上乗せ措置の適用はありません。

また、G社では、当期中に教育訓練費の支出はなく、また、これまで一般事業主行動計画の届出等を行ったことがないため、そのほかの税額控除割合の上乗せ措置を適用する余地もありません。よって、G社の当期における税額控除割合は、通常要件のみの10％となります。

そして、特定税額控除限度額を計算することになりますが、特定税額控除限度額は、G社では給与等に充てるため他の者から支払を受ける金額がなかったため、(1)で計算した雇用者給与等支給額525,000,000円から比較雇用者給与等支給額520,000,000円を控除した雇用者給与等支給増加額5,000,000円を控除対象雇用者給

与等支給増加額として、これにここで決定した税額控除割合を乗じて算出した金額となります。なお、税額控除割合に乗じるのは、あくまでもここまでの中小企業向け賃上げ促進税制と同じく控除対象雇用者給与等支給増加額であって、(3)で算定した継続雇用者給与等支給額から継続雇用者比較給与等支給額を控除した継続雇用者給与等支給増加額をここでの計算には使わないことに注意が必要です。

```
特定税額控除限度額 ＝       5,000,000円       ×       10%       ＝ 500,000円
                    （控除対象雇用者給与等支給増加額）   （税額控除割合）
```

(5) 控除上限額の計算

　控除上限額に関しても、中小企業向け賃上げ促進税制と同じく、当期の調整前法人税額の20％相当額となり、G社の当期の控除上限額は、次のとおり、2,000,000円となります。

```
  控除上限額
（当期税額基準額） ＝  10,000,000円  ×  20%  ＝ 2,000,000円
                   （調整前法人税額）
```

(6) 税額控除額の計算

　最後に、(4)で計算した特定税額控除限度額と(5)で計算した控除上限額を比較していずれか少ない金額が、当期の法人税額から控除できる中堅企業向け賃上げ促進税制による控除税額となります。

　計算の結果、(4)＜(5)となり、G社の当期税額控除額は、500,000円となります。

(7) 別表6(24)と付表1の作成の流れ

　本事例では中堅企業向け賃上げ促進税制の適用のための別表6(24)と別表6(24)付表1（以下、「付表1」といいます）の作成の流れを確認しますが、使う別表はこれまでの中小企業向け賃上げ促進税制と変わりません。

　まずは、【図表6-22】で全体像を確認し、具体的にみていきます。

【図表6-22　G社の別表6（24）付表1及び別表6（24）】

給与等支給額、比較教育訓練費の額及び翌期繰越税額控除限度超過額の計算に関する明細書

事業年度　×1・4・1　～　×2・3・31　　法人名　株式会社G

別表六二十四付表一　令六・四・一以後終了事業年度分

❶ 雇用者給与等支給額及び調整雇用者給与等支給額の計算

国内雇用者に対する給与等の支給額	(1)の給与等に充てるため他の者から支払を受ける金額	(2)のうち雇用安定助成金額	雇用者給与等支給額 (1)-(2)+(3) (マイナスの場合は0)	調整雇用者給与等支給額 (1)-(2) (マイナスの場合は0)
1	2	3	4	5
525,000,000 円	円	円	525,000,000	525,000,000

比較雇用者給与等支給額及び調整比較雇用者給与等支給額の計算

前事業年度	国内雇用者に対する給与等の支給額	(7)の給与等に充てるため他の者から支払を受ける金額	(8)のうち雇用安定助成金額	適用年度の月数 / (6)の前事業年度の月数
6	7	8	9	10
×0・4・1 ×1・3・31	520,000,000 円	円	円	12/12

比較雇用者給与等支給額 ((7)-(8)+(9))×(10) (マイナスの場合は0)	11	520,000,000 円
調整比較雇用者給与等支給額 ((7)-(8))×(10) (マイナスの場合は0)	12	520,000,000

❷ 継続雇用者給与等支給額及び継続雇用者比較給与等支給額の計算

	継続雇用者給与等支給額の計算	継続雇用者比較給与等支給額の計算	前一年事業年度特定期間
	適用年度 ①	前事業年度 ②	③
事業年度等　13		×0・4・1 ×1・3・31	・　・ ・　・
継続雇用者に対する給与等の支給額　14	465,000,000 円	450,000,000 円	円
同上の給与等に充てるため他の者から支払を受ける金額　15			
同上のうち雇用安定助成金額　16			
差引 (14)-(15)+(16)　17	465,000,000	450,000,000	
適用年度の月数 (13の③)の月数　18			—
継続雇用者給与等支給額及び継続雇用者比較給与等支給額 (17)又は((17)×(18))　19	465,000,000	450,000,000	円

比較教育訓練費の額の計算

事業年度	教育訓練費の額	適用年度の月数/(20)の事業年度の月数	改定教育訓練費の額 (21)×(22)
20	21 円	22	23 円
調整対象年度	・　・ ・　・ ・　・		—
計			

比較教育訓練費の額 (23の計)÷(調整対象年度数)	24	

翌期繰越税額控除限度超過額の計算

事業年度	前期繰越額又は当期税額控除限度額 25	当期控除可能額 26	翌期繰越額 (25)-(26) 27
・　・ ・　・		円	円
・　・ ・　・		外	
・　・ ・　・		外	
・　・ ・　・		外	
・　・ ・　・		外	
・　・ ・　・		外	
・　・ ・　・		外	
・　・ ・　・		外	
・　・ ・　・		外	
計		別表六(二十四)「48」	外
当期分	別表六(二十四)「40」	別表六(二十四)「43」	外
合計			

給与等の支給額が増加した場合の法人税額の特別控除に関する明細書

事業年度	X1・4・1 ～ X2・3・31	法人名	株式会社 G

別表六(二十四) 令六・四・一以後終了事業年度分

期末現在の資本金の額又は出資金の額	1	20,000,000	円
期末現在の常時使用する従業員の数	2	85	人
適用可否	3	可	

法人税額の特別控除額の計算

雇用者給与等支給額 (別表六(二十四)付表一「4」)	4	525,000,000 円
比較雇用者給与等支給額 (別表六(二十四)付表一「11」)	5	520,000,000
雇用者給与等支給増加額 (4)－(5)(マイナスの場合は0)	6	5,000,000
雇用者給与等支給増加割合 (6)/(5) ((5)=0の場合は0)	7	0.0096…
調整雇用者給与等支給額 (別表六(二十四)付表一「5」)	8	525,000,000 円
調整比較雇用者給与等支給額 (別表六(二十四)付表一「12」)	9	520,000,000
調整雇用者給与等支給増加額 (8)－(9)(マイナスの場合は0)	10	5,000,000
継続雇用者給与等支給額 (別表六(二十四)付表一「19の①」)	11	465,000,000
継続雇用者比較給与等支給額 (別表六(二十四)付表一「19の②」又は「19の③」)	12	450,000,000
継続雇用者給与等支給増加額 (11)－(12)(マイナスの場合は0)	13	15,000,000
継続雇用者給与等支給増加割合 (13)/(12) ((12)=0の場合は0)	14	0.0333…
教育訓練費の額	15	
比較教育訓練費の額 (別表六(二十四)付表一「24」)	16	
教育訓練費増加額 (15)－(16)(マイナスの場合は0)	17	
教育訓練費増加割合 (17)/(16) ((16)=0の場合は0)	18	
雇用者給与等支給額比教育訓練費割合 (15)/(4)	19	
控除対象雇用者給与等支給増加額 ((6)と(10)のうち少ない金額)	20	5,000,000 円
雇用者給与等支給増加重複控除額 (別表六(二十四)付表二「12」)	21	
差引控除対象雇用者給与等支給増加額 (20)－(21)(マイナスの場合は0)	22	5,000,000

税額控除限度額等の計算

令和6年3月31日以前に開始した事業年度の場合

第1項適用の場合	(14) ≧ 4 % の場合 0.1	23
	(18)≧20% 又は (15)＝(17)>0 の場合 0.05	24
	税額控除限度額 (22)×(0.15＋(23)＋(24)) ((14)<0.03の場合は0)	25 円
第2項適用の場合	(7) ≧ 2.5 % の場合 0.15	26
	(18)≧10% 又は (15)＝(17)>0 の場合 0.1	27
	中小企業者等税額控除限度額 (22)×(0.15＋(26)＋(27)) ((7)<0.015の場合は0)	28 円

令和6年4月1日以後に開始する事業年度の場合

第1項適用の場合	(14) ≧ 4 % の場合 (0.05, 0.1 又は 0.15)	29
	(18)≧10% 又は (15)＝(17)>0 で、かつ、(19)≧0.05%の場合 0.05	30
	プラチナくるみん又はプラチナえるぼしを取得している場合 0.05	31
	税額控除限度額 (22)×(0.1＋(29)＋(30)＋(31)) ((14)<0.03の場合は0)	32 円
第2項適用の場合	(14) ≧ 4 % の場合 0.15	33
	(18)≧10% 又は (15)＝(17)>0 の場合、かつ、(19)≧0.05%の場合 0.05	34
	プラチナくるみん又はえるぼし3段階目以上を取得している場合 0.05	35
	特定税額控除限度額 (22)×(0.1＋(33)＋(34)＋(35)) ((14)<0.03の場合は0)	36	500,000 円
第3項適用の場合	(7) ≧ 2.5 % の場合 0.15	37
	(18)≧5% 又は (15)＝(17)>0 の場合、かつ、(19)≧0.05%の場合 0.05	38
	くるみん又はえるぼし2段階目以上を取得している場合 0.05	39
	中小企業者等税額控除限度額 (22)×(0.15＋(37)＋(38)＋(39)) ((7)<0.015の場合は0)	40 円

調整前法人税額 (別表一「2」又は別表一の二「2」若しくは「13」)	41	10,000,000
当期税額基準額 (41)×20/100	42	2,000,000
当期税額控除可能額 (((25),(28),(32),(36)又は(40))と(42)のうち少ない金額)	43	500,000
調整前法人税額超過構成額 (別表六(六)「8の⑱」)	44	
当期税額控除額 (43)－(44)	45	500,000
差引当期税額基準額残額 (42)－(43)	46	1,500,000
繰越税額控除限度超過額 (別表六(二十四)付表一「25の計」)	47	
同上のうち当期繰越税額控除可能額 ((46)と(47)のうち少ない金額) ((5)≦(4) 又は (5)＝0 の場合は0)	48	
調整前法人税額超過構成額 (別表六(六)「8の㉑」)	49	
当期繰越税額控除額 (48)－(49)	50	
法人税額の特別控除額 (45)＋(50)	51	500,000

❶

　G社では、当期、前期ともに給与等に充てるため他の者から支払を受ける金額を受けていないため、付表1「1」欄又は「7」欄の国内雇用者に対する給与等の支給額がそのまま雇用者給与等支給額又は比較雇用者給与等支給額として、そして調整雇用者給与等支給額として、それぞれ「4」欄及び「5」欄に525,000,000円、「11」欄及び「12」欄に520,000,000円が転記されます。これは、中堅企業向け賃上げ促進税制であっても変わるところではありません。

❷

　中堅企業向け賃上げ促進税制の適用要件を確認するための基礎となる部分です。継続雇用者給与等支給額についても、その継続雇用者が受けた給与等に充てるため他の者から支払を受ける金額を控除する必要がありますが、その中でも雇用安定助成金額が範囲外になることは雇用者給与等支給額と同じです。なお、G社はそもそも給与等に充てるため他の者から支払を受ける金額を受けていないため、当期の国内雇用者に対する給与等の支給額から抽出した継続雇用者に対する給与等支給額465,000,000円を「14」①欄に記載し、これをそのまま「17」①欄と「19」①欄に転記します。

　また、継続雇用者比較給与等支給額についても同じように、前期の国内雇用者に対する給与等の支給額から抽出した継続雇用者に対する給与等支給額450,000,000円を「14」②欄に記載し、前期の事業年度は当期の事業年度と同じく12月であるため、これをそのまま「17」②欄と「19」②欄に転記します。

　なお、前期に中堅企業向け賃上げ促進税制の適用を受けている場合でも、ここは比較雇用者給与等支給額とは異なり、当期の継続雇用者比較給与等支給額は前期の継続雇用者給与等支給額から引き継がれるわけではありません。

❸

　❶と❷で付表1を完成させたら、ここからは別表6（24）の作成に入ります。
　まずは付表1で算定した雇用者給与等支給額と比較雇用者給与等支給額が「4」欄と「5」欄に転記され、これらを使って「7」欄で雇用者給与等支給増加割合を求めると0.96……％になり、ここでG社は中小企業向け賃上げ促進税制の適用要件を

クリアできないことが判定できます。

❹

ここが、本事例における別表6（24）のポイントになります。「11」欄と「12」欄の継続雇用者給与等支給額と継続雇用者比較給与等支給額は、付表1「19」①欄と「19」②欄から転記されてきますが、「11」欄から「12」欄を控除して継続雇用者給与等支給増加額を計算し、「14」欄で継続雇用者給与等支給増加割合を計算します。これにより、継続雇用者給与等支給増加割合は3.33……％≧3％となるため、中堅企業向け賃上げ促進税制を適用できることが判定できます。

❺

❶より、雇用者給与等支給額と比較雇用者給与等支給額がそのまま調整雇用者給与等支給額と調整比較雇用者給与等支給額となり、その差額5,000,000円が控除対象雇用者給与等支給増加額として「20」欄に記載され、そのまま「22」欄に転記されます。

ここで、中堅企業向け賃上げ促進税制を適用する場合であっても、税額控除額の計算では（調整）雇用者給与等支給増加額が計算の基礎となり、せっかく苦労して算出した継続雇用者給与等支給額や継続雇用者比較給与等支給額ですが、これらはあくまでも要件チェックでしか使われないことが分かります。

❻

そして、当期の中堅企業向け賃上げ促進税制における税額控除限度額を計算しますが、中堅企業向け賃上げ促進税制は租税特別措置法42の12の5第2項の規定になるため、「第2項適用の場合」の部分を使用します。但し、G社では、「14」欄の継続雇用者給与等支給増加割合は4％に達せず、その他の上乗せ要件も満たしていないため、「36」欄の特定税額控除限度額は、「22」欄の控除対象雇用者給与等支給増加額に中堅企業向け賃上げ促進税制における税額控除割合の通常要件10％を乗じた500,000円となります。

ちなみに、本事例のように、「14」欄の継続雇用者給与等支給増加割合が4％に達していなければ、全企業向け賃上げ促進税制を選択しても結果は同じになります。

❼
　当期の税額控除限度額が算定できれば、今度はその金額が控除上限額を超えていないかどうかを確認します。控除上限額はその事業年度の調整前法人税額の20％相当になりますが、G社の当期の調整前法人税額は10,000,000円であるため「41」欄にこれを記載し、その20％相当額2,000,000円（＝10,000,000円×20％）が控除上限額となり、これを「42」欄に記載します。
　よって、❻で算定した特定税額控除限度額500,000円＜控除上限額2,000,000円より、G社の中堅企業向け賃上げ促進税制の適用による当期税額控除額は500,000円となり、これを「45」欄と「51」欄に記載します。

　中小企業にとっては、よりインセンティブのある中小企業向け賃上げ促進税制だけに着目をし、雇用者給与等支給増加割合が1.5％に満たなければ賃上げ促進税制の適用が受けられないと判断しがちです。しかし、雇用者給与等支給額が比較雇用者給与等支給額を上回っているならば、たとえ煩雑な要件をクリアする必要がある可能性があったとしても、ほかの賃上げ促進税制の適用を検討してみる余地が残されていることに留意しましょう。

＜参考文献・資料＞

- 中小企業庁　『中小企業向け　賃上げ促進税制　ご利用ガイドブック』（令和6年9月20日更新版）
- 中小企業庁　『中小企業向け　賃上げ促進税制　よくあるご質問　Q&A』（2024年9月20日更新版）
- 中小企業庁　『賃上げに取り組む経営者の皆様へ～政府は、賃上げに取り組む企業・個人事業主を応援します～』
- 財務省　『賃上げ促進税制について』（令和6年1月19日）
- 経済産業省　『中堅企業向け賃上げ促進税制の適用対象に関するよくある御質問について』
- 経済産業省　『「賃上げ促進税制」御利用ガイドブック』（令和6年8月5日公表版）
- 経済産業省　『大企業向け「賃上げ促進税制」よくある御質問　Q&A集』（令和4年7月6非　公表版）
- 厚生労働省　『くるみん認定・トライくるみん認定　プラチナくるみん認定を目指しましょう』
- 厚生労働省　『えるぼし認定　プラチナえるぼし認定のご案内』
- 武田昌輔編著　『DHCコンメンタール法人税法』（第一法規）
- 佐藤友一郎編著　『九訂版　法人税基本通達逐条解説』（税務研究会出版局）

【著者略歴】

田中　康雄（たなか　やすお）

税理士法人メディア・エス、社員税理士。
1973年滋賀県彦根市生まれ、1997年慶應義塾大学商学部卒業。
法人税、消費税を専門とし、上場企業から中小企業までの税務業務を担当。
「税経通信」等の税務専門誌にも多数執筆。

〈主要著書〉
『別表4・5のしくみと決算書とのつながりがわかる本』、『こんなに使える試験研究費の税額控除』、『設備投資優遇税制の上手な使い方［第2版］』（以上、税務経理協会）
『ケース別「事業承継」関連書式集』共著（日本実業出版）

税理士法人メディア・エス

本部（千葉県市川市）、東京事務所（東京都中央区）。
『起業〜法人運営〜事業承継〜相続』まで各分野の専門家である公認会計士4名、税理士3名を含め27名が在籍。中小企業を最先端の技術と豊かな心で応援し、多角的な視野で サービスを提供。
その他、医療法人や公益法人、NPO法人、社会福祉法人などの非営利法人にも特化

事例で納得！
賃上げ促進税制 初めてガイド
可否判定から別表の書き方まで

2025年4月1日　初　版　発　行

著　　者	田中康雄	
発　行　者	大坪克行	
発　行　所	株式会社 税務経理協会	
	〒161-0033東京都新宿区下落合1丁目1番3号	
	http://www.zeikei.co.jp	
	03-6304-0505	
印　刷　所	株式会社技秀堂	
製　本　所	牧製本印刷株式会社	
デ ザ イ ン	中濱健治	
編　　集	中村謙一	

 本書についての
ご意見・ご感想はコチラ

http://www.zeikei.co.jp/contact/

本書の無断複製は著作権法上の例外を除き禁じられています。複製される場合は，そのつど事前に，出版者著作権管理機構（電話03-5244-5088，FAX03-5244-5089, e-mail：info@jcopy.or.jp）の許諾を得てください。

JCOPY ＜出版者著作権管理機構 委託出版物＞

ISBN 978-4-419-07251-3　C3034

© 田中康雄 2025 Printed in Japan